गरिमा और सफलता का रहस्य

महिलाओं के लिए उत्कर्ष करियर मार्गदर्शन

डॉ. मीनाक्षी बंसल

|| समस्त संसार के ज्ञान-प्रेमियों को समर्पित ||

जो सत्य की खोज में, ज्ञान की राह पर अग्रसर हैं।
जिनकी जिज्ञासा कभी थमती नहीं, और जिनका उद्देश्य केवल आत्मविकास ही
नहीं, बल्कि संसार के कल्याण का भी है—यह कृति उन सभी साधकों को सादर
अर्पित है।

क्रम-सूची

क्रम-सूची

प्रार्थना

ॐ भद्रं कर्णेभिः श्रृणुयाम देवाः।
भद्रं पश्येमाक्षभिर्यजत्राः।
स्थिरैरंगैस्तुष्टुवांसस्तनूभिः।
व्यशेम देवहितं यदायुः।
स्वस्ति न इंद्रो वृद्धश्रवाः।
स्वस्ति नः पूषा विश्ववेदाः।
स्वस्ति नस्ताक्ष्यों अरिष्टनेमिः।
स्वस्ति नो बृहस्पतिर्दधातु।
ॐ शांतिः शांतिः शांतिः।

यह मंत्र सार्वभौमिक कल्याण के लिए प्रार्थना है। इसमें विभिन्न देवताओं से सुरक्षा, स्वास्थ्य और सुख के लिए आशीर्वाद की याचना की गई है। यह मंत्र सभी इंद्रियों से शुभ का अनुभव करने और दिव्य उद्देश्य के साथ जीवन जीने के महत्व को रेखांकित करता है।

इंद्र, पूषा, ताक्ष्र्य (गरुड़) और बृहस्पति की कृपा से यह प्रार्थना जीवन में कल्याण और शांति की कामना करती है। अंत में "ॐ शांतिः शांतिः शांतिः" तीन बार दोहराने का अर्थ है - व्यक्तिगत, पर्यावरणीय, और वैश्विक स्तर पर शांति की गहन कामना। यह मंत्र शांति, समृद्धि और सभी प्राणियों के शारीरिक एवं आध्यात्मिक कल्याण के लिए पाठ किया जाता है।

लेखिका के बारे में

डॉ. मीनाक्षी बंसल, जो भारत की राजधानी दिल्ली में जन्मीं, ने अपनी ज़िंदगी कला, शिक्षा, और समाज कल्याण के प्रति गहरी प्रतिबद्धता के साथ बिताई है। विवाह के बाद, उन्होंने अहमदाबाद, गुजरात को अपना नया निवास स्थान बनाया, जहाँ वे प्रेरणा का स्रोत बनकर उभरीं। डॉ. मीनाक्षी न केवल ललित कला की कुशल कलाकार हैं, बल्कि एक प्रतिष्ठित लेखिका, समर्पित समाजसेविका और मनोविज्ञान की विद्वान शोधकर्ता भी हैं। उनका जीवन, विशेष रूप से समाज के वंचित और पिछड़े बच्चों के उत्थान के प्रति समर्पण, सहभागिता और सहानुभूति की शक्ति में उनके गहरे विश्वास का परिचायक है।

अपने प्रारंभिक दिनों से ही मीनाक्षी ने पढ़ने के प्रति एक अदम्य लगन दिखाई। उनके साहित्यिक संसार में नैतिक कहानियाँ, प्रेरणादायक कथाएँ, और जीवन पाठों से परिपूर्ण पौराणिक गाथाएँ शामिल थीं। यह पढ़ने की आदत केवल व्यक्तिगत विकास के लिए नहीं थी, बल्कि छात्रों और सहकर्मियों के विकास के लिए इन कहानियों के सार को साझा करने की इच्छा से प्रेरित थी।

वे विशेष रूप से आदि शंकराचार्य, स्वामी विवेकानंद, डॉ. एपीजे अब्दुल कलाम, महामना पंडित मदन मोहन मालवीय, महात्मा गांधी, सरदार वल्लभभाई पटेल, और विनोबा भावे जैसे ऐतिहासिक और आध्यात्मिक नेताओं के जीवन और शिक्षाओं से प्रभावित थीं। उनके विचार और जीवन कथाएँ मीनाक्षी को दृढ़ता, निःस्वार्थता और ज्ञान की खोज के आदर्शों को अपनाने के लिए प्रेरित करती रहीं।

डॉ. मीनाक्षी का मनोविज्ञान में शैक्षणिक और व्यावहारिक योगदान भी उल्लेखनीय है। एक शोधकर्ता के रूप में, उनका ध्यान मानव मन की जटिलता को समझने और मनोवैज्ञानिक कल्याण और सामाजिक समरसता के लिए संभावनाओं को उजागर करने पर केंद्रित रहा है। उनके सामाजिक कार्यों में, वे अपने अकादमिक ज्ञान को समाज के वंचित वर्गों के जीवन में वास्तविक परिवर्तन लाने के लिए उपयोग करती हैं। उनका समाज सेवा का दृष्टिकोण पारंपरिक ज्ञान और आधुनिक मनोवैज्ञानिक पद्धतियों का अनूठा संयोजन है, जो समाज के बहुआयामी मुद्दों का समाधान करता है।

उनकी कलात्मक प्रतिभाएँ, जो उनके विविध कौशल का एक और पहलू हैं, केवल व्यक्तिगत रुचि तक सीमित नहीं हैं। उनकी कला प्रतीकात्मकता और भावनात्मक गहराई से भरपूर होती है, जो उनके दार्शनिक विचारों और सामाजिक चिंताओं को व्यक्त करती है। उनकी रचनाएँ दर्शकों को उनके बुद्धिमत्ता और करुणा की गहराई में झांकने का अवसर प्रदान करती हैं।

कला और समाज विज्ञान के अतिरिक्त, डॉ. मीनाक्षी ने प्राणिक हीलिंग की उपचार कला में भी महारत हासिल की है, जिसे मास्टर चोआ कोक सुई ने विकसित किया था। यह पद्धति, जो शरीर और आभा को ठीक करने के लिए प्राण या जीवन ऊर्जा के उपयोग पर केंद्रित है, न केवल उनके लिए एक व्यक्तिगत खोज रही है, बल्कि दूसरों को उपचार प्रदान करने का एक माध्यम भी है। प्राणिक हीलिंग में उनकी दक्षता विभिन्न प्रकार के ध्यान सिखाने और अभ्यास के साथ पूरी होती है, जो व्यक्तियों और समुदायों में पुनरुत्थान, व्यक्तिगत विकास और समरसता के संवर्धन पर केंद्रित है।

डॉ. मीनाक्षी का जीवन केवल व्यक्तिगत उपलब्धियों की खोज नहीं है, बल्कि समाज के उत्थान और सशक्तिकरण के प्रति समर्पित एक यात्रा है। उनकी विविध रुचियाँ और प्रतिभाएँ—कला, साहित्य, मनोविज्ञान, और उपचार पद्धतियों को जोड़ती हुई—सेवा के एकमात्र पथ पर केंद्रित हैं।

वे उन महान हस्तियों की भावना को आत्मसात करती हैं, जिन्होंने उन्हें प्रेरित किया, और अपने कार्यों और शिक्षाओं के माध्यम से उनकी विरासत को आगे बढ़ाती हैं। अपनी पुस्तकों, कला और सामाजिक पहलों के माध्यम से, वे नई पीढ़ी को आत्म-खोज, दृढ़ता और निःस्वार्थता की यात्रा पर चलने के लिए प्रेरित करती हैं।

समाज कल्याण के प्रति उनकी प्रतिबद्धता, विशेष रूप से वंचित बच्चों के उत्थान पर ध्यान केंद्रित करना, शिक्षा और व्यक्तिगत विकास की परिवर्तनकारी क्षमता की उनकी गहरी समझ को दर्शाती है। मनोविज्ञान, कलात्मक संवेदनशीलता और उपचार पद्धतियों के ज्ञान को जोड़कर, डॉ. बंसल ने एक समग्र दृष्टिकोण विकसित किया है जो न केवल तात्कालिक आवश्यकताओं बल्कि समुदायों की दीर्घकालिक भलाई को भी संबोधित करता है।

एक लेखिका के रूप में, डॉ. मीनाक्षी की रचनाएँ प्रेरणादायक अंतर्दृष्टियों, व्यावहारिक ज्ञान और उनके विस्तृत अध्ययन और जीवन के अनुभवों से लिए गए चिंतनशील विचारों का मिश्रण प्रस्तुत करती हैं। उनकी पुस्तकें उन लोगों के लिए मार्गदर्शिका के रूप में कार्य करती हैं, जो जीवन की जटिलताओं को अनुग्रह, दृढ़ता और उद्देश्य के साथ नेविगेट करना चाहते हैं।

अपनी कहानियों के माध्यम से, वे अपने पाठकों को अपने भीतर की गहराइयों का पता लगाने और समाज की सामूहिक भलाई में अर्थपूर्ण योगदान देने के लिए आमंत्रित करती हैं।

डॉ. मीनाक्षी बंसल में हमें एक अद्वितीय कलाकार, विद्वान, उपचारकर्ता और सामाजिक कार्यकर्ता का अद्भुत समन्वय मिलता है। उनका जीवन कार्य आशा का प्रतीक और दुनिया में बदलाव लाने की इच्छा रखने वाले व्यक्तियों के लिए प्रेरणा का स्रोत है। उनकी कहानी सहानुभूति और मानवता की भलाई के प्रति गहरी प्रतिबद्धता से प्रेरित व्यक्तिगत प्रयासों की शक्ति की एक प्रेरक याद दिलाती है।

डॉ. मीनाक्षी की विरासत केवल उनके प्रयासों के ठोस परिणामों में नहीं है, बल्कि उस स्थायी जिज्ञासा, सहानुभूति और सेवा की भावना में है, जिसे वे प्रतिपादित करती हैं।

प्रस्तावना

जीवन की बुनावट में, एक महिला की पेशेवर यात्रा एक अनोखी और जटिल बुनाई है। यह एक ऐसा मार्ग है जो महत्वाकांक्षा, धैर्य, चुनौतियों और विजय से भरा हुआ है। जब मैंने अपनी पेशेवर यात्रा शुरू की, तो अक्सर मुझे एक मार्गदर्शिका की आवश्यकता महसूस होती थी, जो मुझे कार्यस्थल की जटिलताओं, व्यक्तिगत विकास और सपनों की पूर्ति की ओर ले जा सके। यही आकांक्षा इस पुस्तक के निर्माण की प्रेरणा बनी।

यह सिर्फ एक मार्गदर्शिका नहीं है कि कॉर्पोरेट सीढ़ी पर कैसे चढ़ा जाए; यह महिलाओं की पेशेवर जीवन में निहित शक्ति, धैर्य और गरिमा का प्रमाण है। यह उन चुनौतियों का उत्सव है जो हम सामना करते हैं और उन अभिनव समाधानों का सम्मान है जो हम प्रस्तुत करते हैं। यह हमारे व्यक्तिगत और पेशेवर जीवन के बीच संतुलन बनाने की हमारी कोशिश और इस यात्रा में हमारी दृढ़ इच्छाशक्ति का प्रमाण है।

इन पन्नों में आपको अंतर्दृष्टियाँ, रणनीतियाँ, और कहानियाँ मिलेंगी, जिनसे मुझे आशा है कि आप अपनी पेशेवर यात्रा में प्रेरणा और शक्ति पाएंगी। हम अपने भीतर की संभावनाओं को खोलने, अपनी अनूठी क्षमताओं और प्रतिभाओं को पहचानने और उन्हें सम्मानित करने के महत्व को जानेंगे। हम आत्म-संदेह को चुनौती देने और अपने वास्तविक स्वरूप को अपनाने की शक्ति का अन्वेषण करेंगे।

हम कार्यस्थल की जटिलताओं का सामना करेंगे, जिसमें नेटवर्किंग की कला में निपुणता, प्रभावशाली और प्रेरणादायक संवाद शामिल हैं। हम सशक्त करियर लक्ष्य बनाने, असफलता को सफलता की ओर ले जाने वाले कदम के रूप में अपनाने, और बदलाव के सामने धैर्य और अनुकूलता विकसित करने के महत्व पर चर्चा करेंगे। साथ ही, मेंटरशिप और स्पॉन्सरशिप की परिवर्तनकारी शक्ति, विविधता और समावेशन के लिए वकालत, और लगातार बदलते कार्यक्षेत्र में फलने-फूलने की कला पर भी चर्चा करेंगे।

महिलाओं के रूप में, हम अक्सर कार्यस्थल में विशिष्ट चुनौतियों का सामना करते

हैं, जैसे कि लैंगिक वेतन अंतर और अचेतन पूर्वाग्रह। यह पुस्तक इन चुनौतियों को पहचानती है और उन्हें पार करने के लिए व्यावहारिक रणनीतियाँ प्रदान करती है। यह आपको अपनी योग्यता के लिए बातचीत करने, इम्पोस्टर सिंड्रोम पर विजय पाने, और काँच की छतों को तोड़ने के लिए सशक्त बनाने के बारे में है।

यह पुस्तक महिलाओं के करियर के सभी चरणों के लिए एक मार्गदर्शिका है, चाहे वे अभी शुरुआत कर रही हों या अनुभवी पेशेवर हों, जो अधिक प्रभाव डालना चाहती हों। यह उन महिलाओं के लिए है जो नेतृत्व की भूमिकाओं की आकांक्षी हैं, जो अधिक संतुलित जीवन जीना चाहती हैं, या जो अपने कार्य में अधिक आनंद और अर्थ पाना चाहती हैं।

यह केवल एक पुस्तक नहीं है; यह एक संवाद, एक समुदाय, और एक आंदोलन है। यह आपको एक वैश्विक नेटवर्क से जुड़ने का निमंत्रण है, जहाँ महिलाएँ एक-दूसरे को समर्थन, प्रेरणा और सशक्त बना रही हैं ताकि वे अपने सपनों को पूरा कर सकें। मैं आपको अपने अनुभव साझा करने, अपने क्षेत्र की अन्य महिलाओं से जुड़ने और एक सहायक समुदाय बनाने के लिए प्रोत्साहित करती हूँ, जो आपको आगे बढ़ाएगा।

इस पुस्तक को लिखने में, मैंने अपने अनुभव, मेंटर्स और सहयोगियों की बुद्धिमत्ता, और उन अनगिनत महिलाओं की कहानियों से प्रेरणा ली है, जिन्होंने चुनौतियों को पार किया और उल्लेखनीय सफलता हासिल की। मुझे आशा है कि ये पन्ने आपके पेशेवर सफर में प्रेरणा, मार्गदर्शन और सहयोग का स्रोत बनेंगे।

याद रखें, करियर में उत्कृष्टता की ओर बढ़ने का मार्ग हमेशा आसान नहीं होता। इसमें बाधाएँ, चुनौतियाँ, और आत्म-संदेह के क्षण होंगे। लेकिन धैर्य, दृढ़ता, और एक सहायक समुदाय के साथ, आप किसी भी बाधा को पार कर सकती हैं और अपनी पूर्ण क्षमता को प्राप्त कर सकती हैं। इसलिए इस यात्रा को अपनाएँ, अपनी सफलताओं का जश्न मनाएँ, अपनी असफलताओं से सीखें, और उत्कृष्टता की ओर बढ़ने से कभी न रुकें। दुनिया को आपकी अनूठी प्रतिभाओं और दृष्टिकोणों की जरूरत है, और यह आपका समय है कि आप अपनी पहचान बनाएँ और गरिमा के साथ ऊँचाइयों तक पहुँचें।

डॉ. मिनाक्षी बंसल
सामाजिक कार्यकर्ता
अहमदाबाद, गुजरात, भारत

1

अपनी आंतरिक क्षमताओं को उजागर करना

करियर में महारत हासिल करने की यात्रा एक गहरे आत्म-अवलोकन से शुरू होती है – यह उस सुसुप्त क्षमता को पहचानने की प्रक्रिया है जो प्रत्येक महिला के भीतर विद्यमान होती है। अपनी इस आंतरिक क्षमता को उजागर करना इसका मतलब यह नहीं है कि आप किसी और की तरह बनने की कोशिश करें, बल्कि इसका अर्थ है अपनी प्रामाणिकता को समझना और उसे संवारना, जो असाधारण कार्य करने में सक्षम है।

यह आत्म-खोज की प्रक्रिया आत्ममंथन से शुरू होती है। अपने मूल्यों, जुनून और ताकतों पर विचार करने के लिए समय निकालें। आपको वास्तव में किस चीज़ से प्रेरणा मिलती है? कौन-सी गतिविधियाँ आपको खुशी और संतोष प्रदान करती हैं? आपकी कौन-सी अनूठी प्रतिभाएँ हैं? इन सवालों के जवाब आपको अपनी असली पहचान समझने में मदद करेंगे और एक उद्देश्यपूर्ण व संतोषजनक करियर मार्ग की ओर ले जाएंगे।

जैसे-जैसे आप अपनी आंतरिक दुनिया में गहराई से उतरेंगे, आपको उन सीमित विश्वासों का सामना करना पड़ सकता है जो अतीत में आपको रोकते रहे हैं। ये विश्वास, जो अक्सर समाज की अपेक्षाओं या पिछली घटनाओं से उपजते हैं,

आपकी पूरी क्षमता को उजागर करने में बाधा बन सकते हैं। इन विश्वासों को चुनौती देना और उन्हें सशक्त पुष्टि से बदलना आवश्यक है, जो आपकी क्षमताओं और योग्यता को मजबूत करें।

अपनी आंतरिक क्षमता को उजागर करने के सबसे शक्तिशाली उपकरणों में से एक है आत्म-विश्वास को बढ़ाना। इसका अर्थ है अपनी अनूठी ताकतों और प्रतिभाओं को पहचानना और सराहना करना, और अपने लक्ष्यों को प्राप्त करने की अपनी क्षमता पर भरोसा करना। अपनी विशिष्टता को अपनाएँ और अपने भिन्नताओं का जश्न मनाएँ, क्योंकि यही गुण आपको सबसे अलग बनाते हैं और आपको अमूल्य बनाते हैं।

अपनी आंतरिक क्षमता को उजागर करने का एक और महत्वपूर्ण पहलू है निरंतर सीखना और बढ़ना। दुनिया लगातार बदल रही है, और आपकी क्षमताएँ और ज्ञान भी विकसित होना चाहिए। एक विकासशील दृष्टिकोण अपनाएँ जो चुनौतियों को सीखने और विकास के अवसर के रूप में स्वीकार करता है। नए अनुभवों की तलाश करें, अतिरिक्त शिक्षा प्राप्त करें, और अपने कौशल को बढ़ाएँ ताकि आप हमेशा अनुकूल और प्रतिस्पर्धी बने रहें।

व्यक्तिगत विकास के साथ-साथ, ऐसा सहायक वातावरण बनाना आवश्यक है जो आपके विकास को प्रोत्साहित करे। अपने आसपास सकारात्मक और उत्साहजनक व्यक्तियों को रखें, जो आपकी क्षमता पर विश्वास करते हैं और आपको प्रोत्साहित करते हैं। ऐसे मेंटर्स को खोजें जो मार्गदर्शन दे सकें और अपनी बुद्धिमत्ता साझा कर सकें, और ऐसे साथी खोजें जो समर्थन और प्रेरणा प्रदान करें।

याद रखें, अपनी आंतरिक क्षमता को उजागर करना कोई एक बार की घटना नहीं है, बल्कि यह एक सतत प्रक्रिया है। इसके लिए निरंतर प्रयास, आत्म-विश्लेषण, और अपने आराम क्षेत्र से बाहर निकलने की इच्छा की आवश्यकता होती है। इस यात्रा को जिज्ञासा और उत्साह के साथ अपनाएँ, और विश्वास रखें कि जो राह आप बनाएँगी वह आपको एक उद्देश्यपूर्ण और सफल करियर की ओर ले जाएगी।

इस परिवर्तनकारी यात्रा पर निकलते समय, अपनी प्रगति का जश्न मनाना और अपनी उपलब्धियों को स्वीकार करना महत्वपूर्ण है। अपनी आंतरिक क्षमता को

उजागर करने की दिशा में उठाया गया हर कदम एक विजय है, जिसे पहचानना चाहिए। अपनी वृद्धि का सम्मान करके और अपनी सफलताओं का जश्न मनाकर, आप अपने आत्म-विश्वास को मजबूत करेंगी और नई ऊँचाइयों तक पहुँचने की प्रेरणा प्राप्त करेंगी।

अपनी आंतरिक क्षमता को उजागर करने की यात्रा हमेशा आसान नहीं होती। आपको असफलताओं, बाधाओं और आत्म-संदेह के क्षणों का सामना करना पड़ सकता है। लेकिन यही चुनौतियाँ आपके धैर्य और दृढ़ संकल्प की परीक्षा लेंगी और उन्हें मजबूत बनाएँगी। याद रखें कि असफलता सफलता का विपरीत नहीं है, बल्कि उसकी ओर बढ़ने वाला एक कदम है। इन अनुभवों को सीखने और विकास के अवसर के रूप में अपनाएँ, और उन्हें अपनी दृढ़ता को और अधिक मजबूत बनाने के लिए प्रेरित करें।

अंततः, अपनी आंतरिक क्षमता को उजागर करना एक परिवर्तनकारी प्रक्रिया है जिसमें आत्म-खोज, आत्म-विश्वास, निरंतर सीखना, और सहायक वातावरण शामिल है। यह प्रत्येक व्यक्ति के लिए अद्वितीय यात्रा है, और इसके पुरस्कार अनमोल हैं। अपनी प्रामाणिकता को अपनाकर, अपनी ताकतों को विकसित करके, और अपने जुनून का पीछा करके, आप संभावनाओं की एक नई दुनिया को खोलेंगी और एक ऐसा करियर बनाएँगी जो संतोषजनक और प्रभावशाली दोनों होगा। याद रखें, आपकी क्षमता असीमित है, और इसे उजागर करना और अपनी इच्छित जिंदगी बनाना आपके हाथों में है।

आपका करियर एक कैनवास है, और आप उसकी कलाकार हैं। अपनी आंतरिक क्षमता को उजागर करें, महत्वाकांक्षा के साहसिक स्ट्रोक्स के साथ चित्र बनाएँ, और एक उत्कृष्ट कृति बनाएँ जो आपकी अद्वितीय प्रतिभा को प्रतिबिंबित करे।

2

भीतर से आत्मविश्वास का निर्माण

आत्मविश्वास कोई ऐसा स्विच नहीं है जिसे इच्छानुसार चालू या बंद किया जा सके। यह एक मांसपेशी की तरह है, जो नियमित अभ्यास और देखभाल से मजबूत होती है। भीतर से आत्मविश्वास का निर्माण एक यात्रा है, कोई गंतव्य नहीं, और यह उन महिलाओं के लिए आवश्यक है जो अपने करियर में महारत हासिल करना चाहती हैं।

प्रामाणिक आत्मविश्वास की शुरुआत आत्म-जागरूकता से होती है। अपनी ताकत, कमजोरियों, मूल्यों और जुनून को समझना वह आधार है जिस पर सच्चे आत्मविश्वास का निर्माण होता है। अपनी उपलब्धियों पर विचार करने के लिए समय निकालें, चाहे वे बड़ी हों या छोटी। अपनी जीत का जश्न मनाएँ और उन कौशलों और गुणों को स्वीकार करें जिन्होंने आपकी सफलता में योगदान दिया। अपनी विशिष्टता को पहचानें और उस मूल्य को समझें जो आप अपने कार्यस्थल और समुदाय में लाती हैं।

आत्म-सहानुभूति भीतर से आत्मविश्वास निर्माण का एक महत्वपूर्ण घटक है। हम सभी गलतियाँ करते हैं, असफलताओं का सामना करते हैं, और आत्म-संदेह के क्षणों का अनुभव करते हैं। इन समयों में अपने साथ दया और समझ का व्यवहार करना आवश्यक है। याद रखें कि हर कोई संघर्ष करता है, और पूर्ण होना आवश्यक नहीं है। अपनी गलतियों से सीखें और उन्हें विकास के अवसरों के रूप

में उपयोग करें, बजाय इसके कि वे आपके आत्मविश्वास को कमजोर करें।

सकारात्मक आत्म-वार्ता आत्मविश्वास विकसित करने के लिए एक और शक्तिशाली उपकरण है। आप अपने आप से जो बात करते हैं, वह आपकी आत्म-छवि और विश्वासों पर गहरा प्रभाव डालती है। नकारात्मक विचारों को चुनौती दें और उन्हें पुष्टि के साथ बदलें जो आपकी ताकतों और क्षमताओं को सुदृढ़ करें। अपने आप से दया और प्रोत्साहन के साथ बात करने का अभ्यास करें, जैसे आप किसी मित्र या प्रियजन से करेंगे। समय के साथ, सकारात्मक आत्म-वार्ता आपके मस्तिष्क को नए सिरे से सोचने के लिए प्रेरित करेगी और एक अधिक आशावादी और आत्मविश्वासपूर्ण दृष्टिकोण को बढ़ावा देगी।

लक्ष्य निर्धारित करना और उन्हें प्राप्त करना आत्मविश्वास निर्माण का एक बुनियादी पहलू है। छोटे, प्राप्त करने योग्य लक्ष्यों से शुरुआत करें जो आपके मूल्यों और आकांक्षाओं के अनुरूप हों। जैसे-जैसे आप इन लक्ष्यों को प्राप्त करेंगे, आपका आत्मविश्वास स्वाभाविक रूप से बढ़ेगा, और आप बड़ी चुनौतियों को पूरा करने के लिए प्रेरित महसूस करेंगे। अपने सफलताओं का जश्न मनाएँ और उन्हें अपने बड़े लक्ष्यों की ओर कदमों के रूप में उपयोग करें।

अपने आराम क्षेत्र से बाहर निकलना व्यक्तिगत और पेशेवर विकास के लिए आवश्यक है। नई चुनौतियों और अनुभवों को अपनाने से आपको नए कौशल विकसित करने, अपने ज्ञान का विस्तार करने और सहनशीलता बनाने में मदद मिलेगी। नई चीजें करने से न डरें, भले ही वे शुरू में डरावनी लगें। जितना अधिक आप अपनी सीमाओं से परे खुद को धकेलेंगी, उतना ही आप अपनी क्षमताओं में आत्मविश्वास महसूस करेंगी।

अपने आप को सकारात्मक और सहायक लोगों से घेरना आत्मविश्वास निर्माण के लिए बहुत महत्वपूर्ण है। उन व्यक्तियों को खोजें जो आपको प्रोत्साहित करते हैं और समर्थन करते हैं, और उन लोगों से दूरी बनाएँ जो आपको नीचे गिराते हैं। ऐसे मेंटर्स, सहकर्मियों और दोस्तों का नेटवर्क बनाएँ जो आप पर और आपकी क्षमता पर विश्वास करते हों। उनका समर्थन और प्रोत्साहन चुनौतीपूर्ण समय में आपके आत्मविश्वास को बढ़ावा दे सकता है।

याद रखें, आत्मविश्वास निर्माण एक सतत प्रक्रिया है। इसमें धैर्य, दृढ़ता और आत्म-सुधार के प्रति प्रतिबद्धता की आवश्यकता होती है। असफलताओं या आत्म-संदेह के क्षणों से हतोत्साहित न हों। इसके बजाय, उन्हें सीखने, बढ़ने और अपने दृढ़ संकल्प को मजबूत करने के अवसरों के रूप में उपयोग करें। अपनी प्रगति पर ध्यान दें, अपनी सफलताओं का जश्न मनाएँ, और अपने लक्ष्यों को प्राप्त करने की अपनी क्षमता पर विश्वास करें।

अपनी कमजोरियों और असमानताओं को अपनाएँ। यही आपको मानवीय और संबंधित बनाती हैं। पूर्णता की आकांक्षा न करें; इसके बजाय, प्रामाणिकता और निरंतर विकास की ओर बढ़ें। याद रखें, आत्मविश्वास पूर्णता के बारे में नहीं है; यह अपने पूरे व्यक्तित्व को, अपनी सभी ताकतों और कमजोरियों के साथ, अपनाने के बारे में है।

आत्म-जागरूकता को बढ़ावा देकर, आत्म-सहानुभूति का अभ्यास करके, सकारात्मक आत्म-वार्ता में शामिल होकर, लक्ष्य निर्धारित करके और उन्हें प्राप्त करके, अपने आराम क्षेत्र से बाहर कदम रखकर, और सहायक लोगों से घिरे रहकर, आप भीतर से अडिग आत्मविश्वास का निर्माण कर सकती हैं। यह आंतरिक आत्मविश्वास आपको अपने सपनों का पीछा करने, चुनौतियों को पार करने, और अपने व्यक्तिगत और पेशेवर जीवन में अपनी पूरी क्षमता को प्राप्त करने के लिए सशक्त करेगा। यह बाहर की ओर फैलता है, दूसरों को प्रेरित करता है और नए अवसरों के द्वार खोलता है। याद रखें, आत्मविश्वास निर्माण की यात्रा जीवनभर चलने वाला एक साहसिक अनुभव है, और इसके पुरस्कार असीम हैं।

आत्मविश्वास पूर्णता के बारे में नहीं है; यह अपने पूरे व्यक्तित्व को, अपनी सभी ताकतों और कमजोरियों के साथ, अपनाने के बारे में है। भीतर से आत्म-विश्वास विकसित करें, और अपने करियर को नई ऊँचाइयों तक ले जाते देखें।

ॐ

3

प्रभावशाली करियर लक्ष्य निर्धारित करना

करियर विकास की जटिल बुनावट में, प्रभावशाली लक्ष्यों की स्थापना एक आधारशिला के रूप में उभरती है, एक मार्गदर्शक तारा जो महारत की ओर रास्ता प्रकाशित करता है। यह केवल इच्छा या स्वप्न देखने से अधिक है; यह आपके वांछित भविष्य की कल्पना करने और उसे प्राप्त करने के लिए एक स्पष्ट मार्ग तैयार करने का एक सोचा-समझा प्रयास है। पेशेवर दुनिया की जटिलताओं को नेविगेट कर रही महिलाओं के लिए, स्पष्ट, सार्थक, और प्राप्त करने योग्य करियर लक्ष्यों की स्थापना उनकी क्षमता को पूरा करने और सफलता की विरासत बनाने की दिशा में एक महत्वपूर्ण कदम है।

प्रभावशाली करियर लक्ष्य निर्धारित करने का पहला चरण आत्ममंथन है। अपने आकांक्षाओं और इच्छाओं में गहराई से उतरने के लिए समय निकालें। वास्तव में आपको क्या प्रेरित करता है? आप अपने क्षेत्र में किस प्रकार का प्रभाव डालना चाहती हैं? आप कौन-कौन से कौशल प्राप्त करना चाहती हैं, और कौन-कौन सी चुनौतियों को जीतना चाहती हैं? अपने जुनून और मूल्यों को समझकर, आप अपने लक्ष्यों को अपनी प्रामाणिकता के साथ संरेखित कर सकती हैं, जिससे एक उद्देश्य की भावना उत्पन्न होती है जो आपकी यात्रा को प्रेरित करती है।

जब आप अपनी आंतरिक दिशा को स्पष्ट कर लें, तो अपने आकांक्षाओं को ठोस, क्रियाशील लक्ष्यों में अनुवाद करें। ये लक्ष्य विशिष्ट, मापने योग्य, प्राप्त करने

योग्य, प्रासंगिक और समयबद्ध होने चाहिए – SMART ढांचा। उदाहरण के लिए, "अपने करियर में आगे बढ़ना" जैसे अस्पष्ट लक्ष्य के बजाय, एक SMART लक्ष्य हो सकता है, "नेतृत्व कौशल विकसित करके और प्रदर्शन लक्ष्य पार करते हुए, दो वर्षों के भीतर वरिष्ठ प्रबंधक के पद पर पदोन्नत होना।" यह स्पष्टता एक स्पष्ट मार्ग प्रदान करती है और आपको अपनी प्रगति को ट्रैक करने में सक्षम बनाती है, आवश्यकतानुसार समायोजन करते हुए।

जहाँ दीर्घकालिक लक्ष्य आपकी अंतिम मंजिल की एक तस्वीर बनाते हैं, वहीं अल्पकालिक लक्ष्य इस मार्ग पर कदमों के रूप में कार्य करते हैं। ये छोटे मील के पत्थर उपलब्धि की भावना पैदा करते हैं और गति का निर्माण करते हैं, जो आपको प्रेरित और लगे हुए रखते हैं। अल्पकालिक लक्ष्यों को मिनी-प्रयोगों के रूप में सोचें जो आपको विभिन्न रास्तों का परीक्षण करने और अपनी दिशा को परिष्कृत करने की अनुमति देते हैं। वे आपको कौशल और ज्ञान प्राप्त करने के अवसर भी प्रदान करते हैं जो आपके बड़े लक्ष्यों को प्राप्त करने के लिए आवश्यक हैं।

लक्ष्य निर्धारित करने के क्षेत्र में लचीलापन महत्वपूर्ण है। पेशेवर परिदृश्य लगातार विकसित हो रहा है, और अप्रत्याशित अवसर या चुनौतियाँ उत्पन्न हो सकती हैं। परिस्थितियों के बदलने पर अपने लक्ष्यों को अनुकूलित करने के लिए तैयार रहें, बिना अपनी समग्र दृष्टि को खोए। याद रखें, करियर में महारत हासिल करने की यात्रा हमेशा एक सीधी रेखा नहीं होती; यह अक्सर अप्रत्याशित मोड़ों और चक्करों वाली एक घुमावदार राह होती है। अनिश्चितता को अपनाएँ और नई संभावनाओं के लिए खुले रहें।

अपने लक्ष्यों की ओर बढ़ने में विज़ुअलाइज़ेशन की शक्ति को कम करके नहीं आँका जा सकता। हर दिन थोड़ा समय निकालकर अपने वांछित परिणामों को vividly कल्पना करें। सफलता से जुड़े भावनाओं को महसूस करें, उन कदमों की कल्पना करें जिन्हें आपको उठाने की आवश्यकता है, और इस विश्वास को आंतरिक करें कि आपके लक्ष्य प्राप्त करने योग्य हैं। यह मानसिक अभ्यास आपके संकल्प को मजबूत कर सकता है, आपके आत्मविश्वास को बढ़ा सकता है, और आपकी अवचेतन मानसिकता को सफलता के लिए तैयार कर सकता है।

उत्तरदायित्व लक्ष्य प्राप्ति के लिए एक और महत्वपूर्ण घटक है। अपने लक्ष्यों को

विश्वासपात्र मैंटर्स, सहयोगियों या दोस्तों के साथ साझा करें जो समर्थन और प्रोत्साहन प्रदान कर सकते हैं। एक पेशेवर विकास समूह में शामिल होने या समान आकांक्षाएँ रखने वाले किसी उत्तरदायित्व भागीदार को खोजने पर विचार करें। समर्थन का एक नेटवर्क बनाकर, आप अधिक संभावना रखते हैं कि आप अपने रास्ते में आने वाली बाधाओं को दूर करते हुए ट्रैक पर बने रहें।

अपने लक्ष्यों की नियमित समीक्षा और समायोजन गति बनाए रखने और अपनी विकसित आकांक्षाओं के साथ संरेखण सुनिश्चित करने के लिए आवश्यक है। हर महीने या तिमाही में समय निकालें कि आप अपनी प्रगति पर विचार करें, अपनी उपलब्धियों का जश्न मनाएँ, और उन क्षेत्रों की पहचान करें जहाँ आपको अपने दृष्टिकोण को संशोधित करने की आवश्यकता हो सकती है। यह आत्म-आकलन की प्रक्रिया आपको केंद्रित, प्रेरित और बदलते समय में अनुकूल रहने की अनुमति देती है।

बड़े सपने देखने और महत्वाकांक्षी लक्ष्य निर्धारित करने से न डरें। यद्यपि यथार्थवादी होना महत्वपूर्ण है, भय या आत्म-संदेह को अपनी क्षमता को सीमित न करने दें। अपनी सीमाओं को बढ़ाएँ, खुद को चुनौती दें, और अज्ञात को अपनाएँ। याद रखें, आपके लक्ष्य केवल बाहरी सफलता प्राप्त करने के बारे में नहीं हैं; वे व्यक्तिगत विकास, संतोष और दुनिया में एक सार्थक योगदान देने के बारे में हैं।

आपके करियर की भव्य धुन में, प्रभावशाली लक्ष्यों की स्थापना एक संयोजक की छड़ी है, जो जुनून, उद्देश्य और दृढ़ता का एक सामंजस्यपूर्ण मिश्रण करती है। अपने आकांक्षाओं को स्पष्ट करके, उन्हें SMART लक्ष्यों में अनुवाद करके, लचीलापन अपनाकर, विज़ुअलाइज़ेशन का उपयोग करके, उत्तरदायित्व को पोषित करके, और अपनी प्रगति की नियमित समीक्षा करके, आप सफलता के लिए एक रोडमैप बना सकते हैं जो आपको करियर में महारत और अर्थ व उद्देश्य से भरे जीवन की ओर ले जाएगा।

सिर्फ अपने करियर के बारे में सपने न देखें; उसे डिज़ाइन करें। प्रभावशाली लक्ष्य निर्धारित करें, सफलता के लिए एक रोडमैप बनाएँ, और अडिग संकल्प के साथ यात्रा को अपनाएँ।

4

कार्यस्थल की जटिलताओं को समझना और संभालना

आधुनिक कार्यस्थल एक गतिशील और जटिल पारिस्थितिकी तंत्र है। यह ऐसा स्थान है जहाँ विविध व्यक्तित्व, महत्वाकांक्षाएँ, और संवाद शैलियाँ मिलकर एक ऐसी बुनावट बनाते हैं जो आपको आगे बढ़ा सकती है या रोक भी सकती है। करियर में महारत हासिल करने की आकांक्षा रखने वाली महिलाओं के लिए, कार्यस्थल की इन जटिलताओं को समझना और उनसे पार पाना एक महत्वपूर्ण कौशल है। इसके लिए भावनात्मक बुद्धिमत्ता, सूक्ष्म अवलोकन, और पेशेवर संबंधों को संचालित करने वाले अनकहे नियमों की गहरी समझ की आवश्यकता होती है।

कार्यस्थल की जटिलताओं को संभालने का आधार मजबूत संबंध बनाना है, चाहे वह सहयोगियों, पर्यवेक्षकों, या अन्य हितधारकों के साथ हो। इसका मतलब यह नहीं है कि आप सभी की सबसे अच्छी दोस्त बनें, बल्कि ऐसे सहयोगियों का एक नेटवर्क विकसित करें जो आपके काम का सम्मान करें, आपके योगदान को महत्व दें, और आपके करियर लक्ष्यों का समर्थन करें। ये संबंध आपको अमूल्य अंतर्दृष्टि, मेंटरशिप के अवसर, और संगठन के भीतर एक जुड़ाव की भावना प्रदान कर सकते हैं।

कार्यस्थल की जटिलताओं को समझने का सबसे महत्वपूर्ण पहलू है प्रभावी

संवाद। इसमें न केवल अपने विचारों को स्पष्ट और प्रेरक रूप से प्रस्तुत करना शामिल है, बल्कि दूसरों की बात को ध्यानपूर्वक सुनना भी है। समझें कि संवाद एक दो-तरफा प्रक्रिया है, और एक ऐसा माहौल बनाने का प्रयास करें जहाँ हर कोई सुना और मूल्यवान महसूस करे। अपने गैर-मौखिक संकेतों, जैसे कि शारीरिक भाषा और आवाज़ के लहज़े पर ध्यान दें, क्योंकि वे आपके शब्दों जितना ही अर्थ व्यक्त कर सकते हैं।

किसी भी कार्यस्थल में, संघर्ष अपरिहार्य हैं। हालाँकि, आप इन संघर्षों को कैसे संभालते और हल करते हैं, यह आपके करियर को काफी प्रभावित कर सकता है। संघर्षों को बाधा के रूप में देखने के बजाय, उन्हें वृद्धि और समझ के अवसर के रूप में देखें। मूल मुद्दों को समझने का प्रयास करें, विभिन्न दृष्टिकोणों को सुनें, और ऐसे समाधान खोजने के लिए सहयोग करें जो सभी पक्षों के लिए लाभकारी हों। याद रखें, एक जीत-जीत समाधान अधिक टिकाऊ होता है और सकारात्मक कार्य वातावरण को बढ़ावा देता है।

कार्यस्थल की राजनीति को संभालना एक नाजुक कला है जिसमें कुशलता, कूटनीति, और सत्ता के समीकरणों की गहरी समझ की आवश्यकता होती है। अपने संगठन में मौजूद अनकहे नियमों और गठबंधनों के बारे में जागरूक रहें, लेकिन अपनी ईमानदारी और मूल्यों से समझौता किए बिना। प्रमुख हितधारकों के साथ संबंध बनाकर और उनकी प्रेरणाओं को समझकर, आप निर्णयों को प्रभावित कर सकते हैं, अपने विचारों का समर्थन प्राप्त कर सकते हैं, और संभावित बाधाओं को दूर कर सकते हैं।

मेंटरशिप कार्यस्थल की जटिलताओं को समझने का एक शक्तिशाली उपकरण हो सकता है। अनुभवी पेशेवरों की तलाश करें जो मार्गदर्शन दे सकें, अपने अनुभव साझा कर सकें, और आपके उद्योग या संगठन के अनकहे नियमों के बारे में बहुमूल्य अंतर्दृष्टि प्रदान कर सकें। एक मेंटर आपको चुनौतियों को समझने, अवसरों की पहचान करने, और अपने करियर की वृद्धि को तेज़ करने में मदद कर सकता है। इसके विपरीत, खुद एक मेंटर बनने पर भी विचार करें। अपना ज्ञान और अनुभव साझा करना न केवल दूसरों को लाभान्वित कर सकता है, बल्कि आपके नेतृत्व कौशल और पेशेवर नेटवर्क को भी मजबूत कर सकता है।

डिजिटल युग में, आभासी कार्यस्थल की जटिलताओं को समझना और प्रबंधित करना महत्वपूर्ण होता जा रहा है। दूरस्थ कार्य और आभासी टीमों के प्रचलित होने के साथ, ऑनलाइन संवाद के माध्यम से संबंध और विश्वास बनाना अतिरिक्त प्रयास की माँग करता है। सहयोगियों से जुड़ने में सक्रिय रहें, वर्चुअल कॉफी चैट्स शेड्यूल करें, और ऑनलाइन सामाजिक कार्यक्रमों में भाग लें। जहाँ संभव हो, वीडियो कॉन्फ्रेंसिंग का उपयोग करें ताकि जुड़ाव की भावना बढ़े और संबंध मजबूत हों।

कार्यस्थल में विभिन्न संवाद शैलियों को समझना और उन्हें अपनाना बेहद ज़रूरी है। कुछ व्यक्ति सीधे और मुखर होते हैं, जबकि अन्य अधिक शांत और अप्रत्यक्ष होते हैं। इन भिन्नताओं को पहचानकर और अपने संवाद के तरीके को तदनुसार समायोजित करके, आप गलतफहमियों से बच सकते हैं, मजबूत संबंध बना सकते हैं, और एक अधिक समावेशी कार्य वातावरण को बढ़ावा दे सकते हैं।

"मैनेजिंग अप" कार्यस्थल की जटिलताओं को समझने का एक महत्वपूर्ण कौशल है। इसमें आपके पर्यवेक्षक की संवाद शैली, प्राथमिकताओं, और अपेक्षाओं को समझना और उसके अनुसार अपनी दृष्टिकोण को अनुकूलित करना शामिल है। अपने पर्यवेक्षक को अपनी प्रगति के बारे में सूचित रखें, उनकी प्रतिक्रिया लें, और चुनौतियों के समाधान के लिए सक्रिय रूप से सुझाव दें। अपने पर्यवेक्षक के साथ एक मजबूत संबंध बनाकर, आप उनका विश्वास, समर्थन, और वकालत प्राप्त कर सकते हैं।

आत्म-वकालत भी कार्यस्थल की जटिलताओं को संभालने का एक महत्वपूर्ण पहलू है। अपने लिए बोलने, अपने विचार साझा करने, और जो आप डिज़र्व करते हैं उसके लिए बातचीत करने से न डरें। अपनी क्षमताओं में आत्मविश्वासी बनें, अपनी उपलब्धियों को स्पष्ट रूप से व्यक्त करें, और अपने पेशेवर विकास के लिए वकालत करें। अपने करियर को सक्रिय रूप से प्रबंधित करके और अपनी ज़रूरतों की वकालत करके, आप वृद्धि और प्रगति के अवसर पैदा कर सकते हैं।

कार्यस्थल की जटिलताओं को समझना और संभालना एक सतत प्रक्रिया है, जिसमें निरंतर सीखने, अनुकूलन, और आत्म-जागरूकता की आवश्यकता होती है। मजबूत संबंध बनाकर, प्रभावी संवाद करके, रचनात्मक रूप से संघर्ष को हल

करके, कार्यालय की राजनीति को समझकर, मेंटरशिप की तलाश करके, और विविधता को अपनाकर, आप एक सकारात्मक और उत्पादक कार्य वातावरण बना सकती हैं जो आपके करियर लक्ष्यों का समर्थन करता है। याद रखें, कार्यस्थल एक गतिशील पारिस्थितिकी तंत्र है, और इसकी जटिलताओं को नेविगेट करने की आपकी क्षमता आपके धैर्य, अनुकूलनशीलता, और नेतृत्व क्षमता का प्रमाण है।

कार्यस्थल एक गतिशील पारिस्थितिकी तंत्र है, जिसमें विविध व्यक्तित्व और छुपे हुए उद्देश्य शामिल होते हैं। नेविगेशन की कला में महारत हासिल करें, मजबूत संबंध बनाएँ, और प्रभाव और प्रेरणा के साथ संवाद करें।

5
नेटवर्किंग की कला में महारत हासिल करना

करियर में प्रगति के जटिल नृत्य में, नेटवर्किंग की कला में महारत हासिल करना एक महत्वपूर्ण कौशल के रूप में उभरता है। यह एक ऐसा पुल है जो व्यक्तियों, विचारों, और अवसरों को जोड़ता है। यह केवल व्यवसाय कार्ड जमा करने या सामाजिक आयोजनों में भाग लेने तक सीमित नहीं है; यह प्रामाणिक संबंध बनाने, आपसी समर्थन को बढ़ावा देने, और समान विचारधारा वाले पेशेवरों का एक समुदाय बनाने के बारे में है जो आपकी यात्रा में आपको प्रेरित और सशक्त कर सके।

नेटवर्किंग का मूल प्रामाणिक संबंध बनाने में है। यह शीर्षकों के पीछे के व्यक्तियों को देखने, उनकी आकांक्षाओं को समझने और समानता के आधार खोजने के बारे में है। दूसरों में वास्तविक रुचि के साथ नेटवर्किंग करें और अपनी कहानी, अनुभव, और विशेषज्ञता साझा करने के लिए तैयार रहें। याद रखें, नेटवर्किंग एक दो-तरफा प्रक्रिया है, और सबसे मूल्यवान संबंध आपसी सम्मान, विश्वास, और परस्परता पर आधारित होते हैं।

मजबूत नेटवर्क बनाना समय और प्रयास माँगता है। यह एक ही कार्यक्रम में भाग लेने या अपने संपर्क सूची में कुछ नाम जोड़ने के बारे में नहीं है। यह समय के साथ संबंधों को पोषित करने, संपर्क बनाए रखने, और समर्थन व प्रोत्साहन प्रदान करने के बारे में है। नियमित रूप से लोगों से जुड़ने का प्रयास करें, चाहे वह कॉफी

चैट, सूचना-साक्षात्कार, या आभासी सम्मेलनों के माध्यम से हो। प्रासंगिक लेख, नौकरी की जानकारी, या उद्योग की अंतर्दृष्टियाँ साझा करने में सक्रिय रहें, और अपने नेटवर्क में दूसरों की सफलताओं का जश्न मनाएँ।

नेटवर्किंग का सबसे शक्तिशाली पहलू नए अवसरों के द्वार खोलने की इसकी क्षमता है। एक अच्छी तरह से विकसित नेटवर्क जानकारी, संसाधनों, और उन परिचयों तक पहुँच प्रदान कर सकता है जो अन्यथा प्राप्त करना कठिन हो सकता है। यह नौकरी के प्रस्तावों, मेंटरशिप के अवसरों, सहयोगों, और यहाँ तक कि आजीवन दोस्ती तक ले जा सकता है। हालाँकि, यह याद रखना महत्वपूर्ण है कि नेटवर्किंग केवल यह जानने के बारे में नहीं है कि अन्य आपके लिए क्या कर सकते हैं; यह यह भी है कि आप उनके लिए क्या प्रदान कर सकते हैं। अपने समय, विशेषज्ञता, और संबंधों के साथ उदार बनें और आगे बढ़ने के लिए तैयार रहें।

डिजिटल युग में, ऑनलाइन नेटवर्किंग का महत्व बढ़ गया है। लिंक्डइन, ट्विटर, और पेशेवर मंच जैसे प्लेटफॉर्म दुनिया भर के लोगों से जुड़ने के असंख्य अवसर प्रदान करते हैं। इन प्लेटफार्मों का उपयोग करके अपने संपर्कों का दायरा बढ़ाएँ, प्रासंगिक समूहों में शामिल हों, चर्चाओं में भाग लें, और अपनी अंतर्दृष्टियाँ साझा करें। हालाँकि, व्यक्तिगत नेटवर्किंग की शक्ति को नज़रअंदाज़ न करें। उद्योग कार्यक्रमों, सम्मेलनों, और कार्यशालाओं में भाग लेना मूल्यवान आमने-सामने की बातचीत और गहरे संबंध बनाने में सहायक हो सकता है।

नेटवर्किंग करते समय, अपने व्यक्तिगत ब्रांड का ध्यान रखना आवश्यक है। इसमें आपकी ऑनलाइन उपस्थिति, आपका व्यक्तित्व, आपकी संवाद शैली, और आप पर पड़ने वाला समग्र प्रभाव शामिल है। आप अपने आप को कैसे प्रस्तुत करते हैं, इस पर विचार करें और प्रामाणिक, पेशेवर, और यादगार बनने का प्रयास करें। एक मजबूत व्यक्तिगत ब्रांड आपकी विश्वसनीयता को बढ़ा सकता है, अवसरों को आकर्षित कर सकता है, और नए संबंधों के द्वार खोल सकता है।

नेटवर्किंग मात्र संख्या के बारे में नहीं है; यह गुणवत्ता के बारे में है। कुछ गहरे, सार्थक संबंध रखना सतही परिचितों के बड़े नेटवर्क की तुलना में बेहतर है। उन लोगों के साथ संबंध बनाने पर ध्यान केंद्रित करें जो आपके मूल्यों, रुचियों, और करियर आकांक्षाओं को साझा करते हैं। ये संबंध अधिक संभावना रखते हैं कि

वे आपके लक्ष्यों के साथ मेल खाने वाले समर्थन, मार्गदर्शन, और अवसर प्रदान करेंगे।

अपने आराम क्षेत्र से बाहर निकलने और अपने से भिन्न लोगों के साथ जुड़ने से न डरें। विविधता एक ताकत है, और एक विविध नेटवर्क का निर्माण आपको नए दृष्टिकोणों, विचारों, और अवसरों तक पहुँच प्रदान कर सकता है। विभिन्न पृष्ठभूमि, उद्योगों, और अनुभव स्तरों के व्यक्तियों को खोजें। आप उन संबंधों से आश्चर्यचकित हो सकते हैं जो आप बनाते हैं और उन अंतर्दृष्टियों से जो आप प्राप्त करते हैं।

याद रखें, नेटवर्किंग एक आजीवन यात्रा है। यह समर्थन का एक समुदाय बनाने, परस्पर विकास को बढ़ावा देने, और प्रभाव की एक विरासत बनाने के बारे में है। प्रामाणिकता, उदारता, और सीखने व बढ़ने की इच्छा के साथ नेटवर्किंग का दृष्टिकोण अपनाकर, आप संभावनाओं की एक दुनिया को खोल सकते हैं और अपने करियर में महारत को अपनी शर्तों पर प्राप्त कर सकते हैं।

नेटवर्किंग एक ही आकार का समाधान नहीं है। यह महत्वपूर्ण है कि आप ऐसी रणनीतियाँ खोजें जो आपके व्यक्तित्व और प्राथमिकताओं के साथ मेल खाती हों। कुछ लोग बड़े सामाजिक आयोजनों में फलते-फूलते हैं, जबकि अन्य एक-पर-एक बातचीत को प्राथमिकता देते हैं। विभिन्न दृष्टिकोणों के साथ प्रयोग करें और जो सबसे स्वाभाविक और प्रामाणिक लगे उसे अपनाएँ।

अंततः, अपने संपर्कों का पालन करना और उन्हें बनाए रखना न भूलें। एक साधारण धन्यवाद पत्र, एक फॉलो-अप ईमेल, या एक लिंक्डइन संदेश संबंध बनाने और मजबूत करने में बहुत मदद कर सकता है। अपने नेटवर्क के साथ नियमित रूप से संपर्क बनाए रखें, आवश्यकता पड़ने पर समर्थन प्रदान करें, और उनकी सफलताओं का जश्न मनाएँ। अपने संबंधों में निवेश करके, आप अपने भविष्य में निवेश कर रहे हैं।

नेटवर्किंग की कला में महारत हासिल करना एक यात्रा है, कोई गंतव्य नहीं। इसके लिए धैर्य, दृढ़ता, और दूसरों के साथ जुड़ने की वास्तविक इच्छा की आवश्यकता होती है। नेटवर्किंग को व्यक्तिगत और पेशेवर विकास के एक उपकरण के रूप में

अपनाकर, आप नए अवसरों के द्वार खोल सकते हैं, एक सहायक समुदाय बना सकते हैं, और प्रभाव की एक ऐसी विरासत बना सकते हैं जो जीवनभर बनी रहे।

आपका नेटवर्क ही आपकी संपत्ति है। प्रामाणिक संबंध बनाएँ, संबंधों को पोषित करें, और समर्थन का एक ऐसा समुदाय बनाएँ जो आपके करियर की यात्रा में आपको प्रेरित और सशक्त करे।

۷

6

प्रभाव और प्रभावशाली संवाद करना

प्रभाव और प्रभावशाली संवाद करना एक ऐसा कौशल है जो उद्योगों, भूमिकाओं और पदक्रमों से परे है। यह एक ऐसा कौशल है जो व्यक्तियों को न केवल जानकारी संप्रेषित करने में सक्षम बनाता है, बल्कि कार्रवाई को प्रेरित करने, विचारों को आकार देने, और सार्थक बदलाव लाने में मदद करता है। कार्यस्थल में महिलाओं के लिए, इस कौशल में महारत हासिल करना करियर में प्रगति, नेतृत्व, और अपने संगठनों और समुदायों पर स्थायी प्रभाव डालने के लिए आवश्यक है।

प्रभावशाली संवाद का आधार स्पष्टता से शुरू होता है। संदेश तैयार करने से पहले, अपने उद्देश्य को परिभाषित करना और अपने दर्शकों को समझना महत्वपूर्ण है। आप अपने संवाद से क्या प्राप्त करना चाहती हैं? आपके दर्शकों को किस जानकारी की आवश्यकता है, और उनकी रुचियाँ और चिंताएँ क्या हैं? अपने संदेश को उनके साथ संरेखित करके, आप उनके ध्यान को आकर्षित करने और उन्हें कार्रवाई करने के लिए प्रेरित करने की संभावना बढ़ा सकती हैं।

एक प्रभावशाली कथा तैयार करना प्रभावशाली संवाद का एक शक्तिशाली तरीका है। कहानियाँ हमारी भावनाओं को जोड़ती हैं, हमारे मूल्यों को छूती हैं, और जानकारी को अधिक संबंधित और यादगार बनाती हैं। चाहे आप किसी विचार को प्रस्तुत कर रही हों, एक प्रस्तुति दे रही हों, या किसी सहकर्मी से बातचीत कर रही हों, कहानी कहने के तत्वों को शामिल करना आपके संदेश को बढ़ा सकता है और

एक स्थायी छाप छोड़ सकता है।

प्रभावी संवाद में केवल यह शामिल नहीं होता कि आप क्या कहती हैं, बल्कि यह भी कि आप इसे कैसे कहती हैं। आपकी आवाज़ का स्वर, शारीरिक भाषा, और चेहरे के भाव आपके संदेश के समग्र प्रभाव में योगदान करते हैं। अपने गैर-मौखिक संकेतों पर ध्यान दें और सुनिश्चित करें कि वे आपके शब्दों के साथ संरेखित हों। एक आत्मविश्वासी मुद्रा, सीधा आँख से संपर्क, और एक सच्ची मुस्कान प्राधिकरण, विश्वास, और उत्साह व्यक्त कर सकती है।

सक्रिय सुनना प्रभावशाली संवाद का एक महत्वपूर्ण घटक है। इसमें न केवल बोले गए शब्दों को सुनना शामिल है, बल्कि अंतर्निहित संदेश और भावनाओं को समझना भी है। जब आप सक्रिय रूप से सुनती हैं, तो आप सम्मान दिखाती हैं, तालमेल बनाती हैं, और ऐसी मूल्यवान अंतर्दृष्टियाँ एकत्र करती हैं जो आपकी प्रतिक्रिया को सूचित कर सकती हैं। स्पष्ट करने वाले प्रश्न पूछें, जो आपने सुना उसे संक्षेप में बताएं, और वक्ता की भावनाओं को मान्य करें। वास्तव में सुनकर, आप खुले संवाद और सहयोग के लिए एक स्थान बनाती हैं।

सूचना से भरी दुनिया में, शोर को काटने के लिए संक्षिप्त और केंद्रित संवाद की आवश्यकता होती है। जटिल भाषा, घिसे-पिटे वाक्यांश, और अनावश्यक विवरणों से बचें। इसके बजाय, अपने संदेश को उसके सार तक सीमित करें और इसे सटीकता और प्रभाव के साथ प्रस्तुत करें। मजबूत क्रियाओं, जीवंत चित्रों, और प्रभावशाली भाषा का उपयोग करें ताकि आपके दर्शकों का ध्यान खींचा जा सके और एक स्थायी छाप छोड़ी जा सके।

प्रभावित करना एक कला है, जिसमें आपके दर्शकों की प्रेरणाओं, मूल्यों, और चिंताओं को समझना शामिल है। अपने संदेश को उनके हितों से मेल खाने और उनकी आवश्यकताओं को संबोधित करने के लिए अनुकूलित करें। अपने तर्कों का समर्थन करने और अपने विचारों का मूल्य प्रदर्शित करने के लिए सबूत, डेटा, और उदाहरणों का उपयोग करें। अपने संदेश के प्रति आत्मविश्वासी, उत्साही, और भावुक रहें। आपका विश्वास संक्रामक होगा और दूसरों को आपके उद्देश्य के समर्थन के लिए प्रेरित करेगा।

संवाद में अनुकूलता महत्वपूर्ण है। अपने दर्शकों और स्थिति के आधार पर अपनी शैली और दृष्टिकोण को समायोजित करने के लिए तैयार रहें। उदाहरण के लिए, एक औपचारिक प्रस्तुति एक अनौपचारिक सहकर्मी बातचीत की तुलना में एक अलग स्वर और विवरण स्तर की मांग कर सकती है। लचीला और अनुकूलनशील होने से, आप विभिन्न दर्शकों के साथ प्रभावी ढंग से संवाद कर सकती हैं और विभिन्न संचार चैनलों को नेविगेट कर सकती हैं।

प्रभावी संवाद केवल जानकारी प्रसारित करने के बारे में नहीं है; यह रिश्तों को बनाने और विश्वास को बढ़ावा देने के बारे में है। प्रामाणिक, पारदर्शी, और सहज बनें। दूसरों में वास्तविक रुचि दिखाएँ, विचारशील प्रश्न पूछें, और उनके उत्तरों को सक्रिय रूप से सुनें। मजबूत संबंधों को पोषित करके, आप सहयोगियों का एक ऐसा नेटवर्क बनाती हैं जो आप पर भरोसा करते हैं और आपका सम्मान करते हैं, जिससे उन्हें प्रभावित करना और प्रेरित करना आसान हो जाता है।

लगातार सीखना और सुधार करना संवाद की कला में महारत हासिल करने के लिए आवश्यक है। भरोसेमंद सहयोगियों, मेंटर्स, या कोचों से प्रतिक्रिया प्राप्त करें। अपने क्षेत्र के प्रभावी संवादकों का निरीक्षण करें और उनकी तकनीकों से सीखें। अपनी संवाद क्षमता बढ़ाने के लिए कार्यशालाओं, सेमिनारों, या ऑनलाइन पाठ्यक्रमों में भाग लें। अपने विकास में निवेश करके, आप एक अधिक प्रभावशाली और प्रभावशाली संवादक बन जाएँगी।

याद रखें, संवाद एक यात्रा है, कोई गंतव्य नहीं। इसमें समय, अभ्यास, और सीखने और बढ़ने की इच्छा लगती है। चुनौतियों को अपनाएँ, विभिन्न दृष्टिकोणों के साथ प्रयोग करें, और अपनी गलतियों से सीखें। अपनी संवाद क्षमता को निखारकर, आप खुद को नेतृत्व करने, प्रेरित करने, और अपने व्यक्तिगत और पेशेवर जीवन में सार्थक अंतर लाने के लिए सशक्त करेंगी।

अंततः, प्रभाव और प्रभावशाली संवाद एक बहुआयामी कौशल है जिसमें स्पष्टता, कहानी कहने, गैर-मौखिक संवाद, सक्रिय सुनने, संक्षिप्तता, प्रेरित करना, अनुकूलता, संबंध बनाना, और लगातार सीखना शामिल है। इन तत्वों में महारत हासिल करके, आप अपने संवाद को मात्र सूचना स्थानांतरण से बदलकर एक शक्तिशाली उपकरण बना सकती हैं, जो कार्रवाई को प्रेरित करता है, बदलाव

लाता है, और आपके लक्ष्यों को प्राप्त करता है। याद रखें, प्रभावी संवाद केवल एक कौशल नहीं है; यह एक सुपरपावर है जो आपको सफलता और संतोष की नई ऊँचाइयों पर ले जा सकता है।

शब्द प्रेरित करने, प्रभावित करने, और बदलने की शक्ति रखते हैं। अपनी संवाद क्षमता को निखारें, स्पष्टता और विश्वास के साथ बोलें, और उन लोगों पर एक स्थायी प्रभाव छोड़ें जिनसे आप मिलती हैं।

ೂ

7

नेतृत्व कौशल विकसित करना

नेतृत्व केवल एक पद या उपाधि नहीं है; यह एक मानसिकता, कौशलों का एक समूह, और ऐसा तरीका है जो व्यक्तियों को दूसरों को प्रेरित करने और एक समान दृष्टि की ओर मार्गदर्शन करने के लिए सशक्त करता है। कार्यस्थल में महिलाओं के लिए, मजबूत नेतृत्व कौशल विकसित करना बाधाओं को तोड़ने, रूढ़ियों को खत्म करने, और करियर में महारत हासिल करने के लिए आवश्यक है। यह आगे बढ़ने, ज़िम्मेदारी लेने, और अपने संगठन और समुदाय पर सकारात्मक प्रभाव डालने के बारे में है।

नेतृत्व का मूल दूसरों को प्रेरित और प्रोत्साहित करने की क्षमता में है। महान नेता भविष्य के लिए एक स्पष्ट दृष्टि रखते हैं और उस दृष्टि को जुनून और विश्वास के साथ संप्रेषित करते हैं। वे अपनी टीमों को उनकी पूरी क्षमता तक पहुँचने के लिए सशक्त बनाते हैं, साझा उद्देश्य और स्वामित्व की भावना को बढ़ावा देते हैं। वे सफलताओं का जश्न मनाते हैं, असफलताओं से सीखते हैं, और निरंतर सुधार की संस्कृति बनाते हैं।

प्रभावी संवाद नेतृत्व का एक आधारभूत स्तंभ है। नेताओं को अपने विचारों को स्पष्ट रूप से व्यक्त करने, प्रतिक्रिया को सक्रिय रूप से सुनने, और विविध हितधारकों के बीच सहमति बनाने में सक्षम होना चाहिए। वे कहानी कहने की शक्ति को समझते हैं, कथाओं का उपयोग करके अपने दर्शकों से जुड़ते हैं,

भावनाओं को उत्तेजित करते हैं, और कार्रवाई को प्रेरित करते हैं। वे यह भी जानते हैं कि विभिन्न परिस्थितियों और दर्शकों के आधार पर अपने संवाद शैली को कैसे अनुकूलित करना है, यह सुनिश्चित करते हुए कि उनका संदेश हर किसी को प्रभावित करे।

मजबूत संबंध बनाना नेतृत्व का एक और महत्वपूर्ण पहलू है। नेता अपनी टीम के सदस्यों को जानने, उनकी ताकत और कमजोरियों को समझने, और विश्वास और सम्मान की भावना को बढ़ावा देने में समय और ऊर्जा लगाते हैं। वे ऐसा सहायक और समावेशी वातावरण बनाते हैं जहाँ हर कोई मूल्यवान महसूस करे और अपने सर्वश्रेष्ठ योगदान के लिए सशक्त हो। वे बाहरी हितधारकों, जैसे कि ग्राहकों, भागीदारों, और सामुदायिक नेताओं के साथ संबंध भी बनाते हैं, ताकि सहयोग और समर्थन का एक नेटवर्क तैयार कर सकें।

निर्णय लेना नेतृत्व का एक मौलिक हिस्सा है। नेताओं को जानकारी इकट्ठा करने, विकल्पों का विश्लेषण करने, और अपने मूल्यों और लक्ष्यों के साथ संरेखित निर्णय लेने में सक्षम होना चाहिए। वे समझते हैं कि सभी निर्णय लोकप्रिय नहीं होंगे, लेकिन उनमें अपने विश्वासों के साथ खड़े होने और परिणामों की ज़िम्मेदारी लेने का साहस होता है। वे अपनी टीमों को भी निर्णय लेने के लिए सशक्त करते हैं, स्वायत्तता और उत्तरदायित्व की संस्कृति को बढ़ावा देते हैं।

समस्या-समाधान एक महत्वपूर्ण नेतृत्व कौशल है। नेता चुनौतियों को विकास और सुधार के अवसरों के रूप में देखते हुए, उन्हें विकासशील मानसिकता के साथ दृष्टिकोण करते हैं। वे जटिल समस्याओं को प्रबंधनीय चरणों में विभाजित करते हैं, प्रासंगिक जानकारी इकट्ठा करते हैं, और रचनात्मक समाधान तलाशते हैं। वे समस्या-समाधान प्रक्रिया में अपनी टीम को शामिल करते हैं, उनके सामूहिक ज्ञान और विशेषज्ञता का उपयोग करते हुए।

आज की तेजी से बदलती दुनिया में अनुकूलता आवश्यक है। नेता जल्दी से धुरी करने, नई तकनीकों को अपनाने, और विकसित बाजार स्थितियों के अनुकूल होने में सक्षम होते हैं। वे अपनी टीमों को लचीला और परिवर्तन के प्रति खुला रहने के लिए प्रोत्साहित करते हैं, नवाचार और प्रयोग की संस्कृति को बढ़ावा देते हैं। वे भी जीवनभर सीखने को अपनाकर और अपने क्षेत्र में नवीनतम रुझानों और विकासों

से अवगत रहकर अनुकूलता का उदाहरण पेश करते हैं।

लचीलापन प्रतिकूलताओं और चुनौतियों से वापस उछलने की क्षमता है। नेता समझते हैं कि असफलता सीखने की प्रक्रिया का एक स्वाभाविक हिस्सा है, और वे इसे सफलता की ओर एक कदम के रूप में उपयोग करते हैं। वे सकारात्मक दृष्टिकोण बनाए रखते हैं, प्रतिकूलताओं का सामना करते हुए दृढ़ रहते हैं, और अपनी टीमों को भी ऐसा करने के लिए प्रेरित करते हैं। वे मनोवैज्ञानिक सुरक्षा की ऐसी संस्कृति बनाते हैं जहाँ टीम के सदस्य जोखिम लेने और अपनी गलतियों से सीखने में सहज महसूस करते हैं।

नैतिक नेतृत्व ऐसे निर्णय लेने के बारे में है जो केवल कानूनी रूप से सही नहीं बल्कि नैतिक रूप से भी सही हों। नेता ईमानदारी, सच्चाई, और पारदर्शिता के साथ कार्य करते हैं। वे अपने कर्मचारियों, ग्राहकों, और भागीदारों के साथ सम्मान और निष्पक्षता के साथ व्यवहार करते हैं। वे अपनी कार्रवाइयों के लिए ज़िम्मेदारी लेते हैं और समाज पर सकारात्मक प्रभाव डालने का प्रयास करते हैं।

नेतृत्व कौशल विकसित करना एक सतत यात्रा है। इसके लिए आत्म-जागरूकता, सीखने की इच्छा, और व्यक्तिगत और पेशेवर विकास के प्रति प्रतिबद्धता की आवश्यकता होती है। नेतृत्व के अवसरों की तलाश करें, चाहे वह कार्यस्थल पर किसी परियोजना का नेतृत्व करना हो, अपने समुदाय में स्वयंसेवा करना हो, या किसी जूनियर सहयोगी को मेंटर करना हो। चुनौतियों को अपनाएँ, अपनी गलतियों से सीखें, और अपनी सफलताओं का जश्न मनाएँ। अपने नेतृत्व कौशल को लगातार विकसित करके, आप अपने आप को स्थायी प्रभाव बनाने और अपनी पूरी क्षमता को प्राप्त करने के लिए सशक्त करेंगी।

याद रखें, नेतृत्व पूर्णता के बारे में नहीं है; यह मानवीय होने के बारे में है। यह अपनी ताकत और कमजोरियों को पहचानने, दूसरों से सीखने, और अपने आसपास के लोगों को उनकी पूरी क्षमता तक पहुँचने के लिए प्रेरित करने के बारे में है। नेतृत्व की यात्रा को अपनाकर, आप न केवल अपने जीवन को बदलेंगी, बल्कि दुनिया पर सकारात्मक प्रभाव भी डालेंगी।

नेतृत्व उपाधियों या पदों के बारे में नहीं है; यह दूसरों को उनकी पूरी क्षमता तक पहुँचने के लिए प्रेरित और सशक्त करने के बारे में है। अपने नेतृत्व की क्षमता को अपनाएँ, सहयोग की संस्कृति को बढ़ावा दें, और प्रभाव की एक स्थायी विरासत छोड़ें।

8

अपनी योग्यता के लिए बातचीत करना

नेतृत्व उपाधियों या पदों के बारे में नहीं है; यह दूसरों को उनकी पूरी क्षमता तक पहुँचने के लिए प्रेरित और सशक्त करने के बारे में है। अपने नेतृत्व की क्षमता को अपनाएँ, सहयोग की संस्कृति को बढ़ावा दें, और प्रभाव की एक स्थायी विरासत छोड़ें।

अपनी योग्यता के लिए बातचीत करना एक महत्वपूर्ण कौशल है जो आपके करियर की दिशा और वित्तीय भलाई पर महत्वपूर्ण प्रभाव डाल सकता है। यह अपने लिए वकालत करने, अपनी योग्यता को पहचानने, और यह सुनिश्चित करने के बारे में है कि आपके योगदानों के लिए आपको उचित रूप से मुआवजा दिया जाए। महिलाओं के लिए, जो कार्यस्थल में अक्सर प्रणालीगत बाधाओं और पूर्वाग्रहों का सामना करती हैं, इस कला में महारत हासिल करना विशेष रूप से आवश्यक है। यह लैंगिक वेतन अंतर को पाटने, समान कार्य के लिए समान वेतन प्राप्त करने, और एक अधिक न्यायसंगत पेशेवर वातावरण बनाने का एक तरीका है।

अपनी योग्यता के लिए बातचीत करने का पहला कदम अपनी कीमत जानना है। इसमें उद्योग मानकों, वेतन सर्वेक्षणों, और समान पदों का शोध करना शामिल है ताकि आपके कौशल और अनुभव के लिए उचित बाजार मूल्य का निर्धारण किया जा सके। अपनी अनूठी योग्यताओं, उपलब्धियों, और अपने संगठन के लिए लाए

गए मूल्य पर विचार करें। अपनी योग्यता को कम न आँकें और न ही खुद को कम आंके। याद रखें, आपके पास ऐसे मूल्यवान कौशल और अनुभव हैं जो मान्यता और पुरस्कार के पात्र हैं।

सफल बातचीत के लिए तैयारी महत्वपूर्ण है। किसी भी बातचीत में प्रवेश करने से पहले, कंपनी, पद, और उद्योग का गहन शोध करें। कंपनी की संस्कृति, मूल्यों, और मुआवजे के दर्शन को समझें। अपने प्रमुख बेचने वाले बिंदुओं की पहचान करें और उन्हें स्पष्ट और आत्मविश्वास से व्यक्त करने के लिए तैयार रहें। संभावित प्रश्नों और आपत्तियों का अनुमान लगाते हुए अपनी बातचीत की पटकथा का अभ्यास करें। आप जितने अधिक तैयार होंगे, बातचीत प्रक्रिया के दौरान आप उतने ही अधिक आत्मविश्वासी महसूस करेंगे।

बातचीत में आत्मविश्वास महत्वपूर्ण है। अपनी योग्यता और एक निष्पक्ष परिणाम पर बातचीत करने की अपनी क्षमता पर विश्वास रखें। अपने आत्मविश्वास को अपने शारीरिक भाषा, आवाज़ के स्वर, और समग्र व्यवहार के माध्यम से प्रकट करें। याद रखें, आप कोई एहसान नहीं माँग रहे हैं; आप अपने कौशल और अनुभव के आधार पर उचित मुआवजे की वकालत कर रहे हैं। मुखर रहें, लेकिन आक्रामक नहीं। पूरे बातचीत प्रक्रिया के दौरान एक पेशेवर और सम्मानजनक स्वर बनाए रखें।

बातचीत एक संवाद है, एक एकतरफा बातचीत नहीं। दूसरे पक्ष के दृष्टिकोण, चिंताओं, और बाधाओं को सक्रिय रूप से सुनने के लिए तैयार रहें। उनकी ज़रूरतों और रुचियों को समझने का प्रयास करें। दोनों पक्षों को लाभ पहुँचाने वाले समझौते और रचनात्मक समाधान के लिए खुले रहें। याद रखें, बातचीत जीतने या हारने के बारे में नहीं है; यह एक पारस्परिक रूप से सहमत परिणाम तक पहुँचने के बारे में है जो शामिल सभी लोगों को संतुष्ट करता है।

जो आप चाहती हैं, उसे माँगने से न डरें। अपने वेतन अपेक्षाओं, लाभों, और रोजगार की अन्य शर्तों के बारे में स्पष्ट और विशिष्ट बनें। जो आप डिज़र्व करती हैं उससे कम के लिए समझौता न करें। याद रखें, पहला प्रस्ताव अक्सर सिर्फ एक प्रारंभिक बिंदु होता है। एक निष्पक्ष और न्यायसंगत समझौते तक पहुँचने तक काउंटरऑफर और बातचीत के लिए तैयार रहें।

बातचीत में समय महत्वपूर्ण है। ऐसा समय चुनें जब दूसरा पक्ष आपकी माँग के लिए सबसे अधिक ग्रहणशील हो। उदाहरण के लिए, जब आपको एक नौकरी का प्रस्ताव मिला हो या जब आपने असाधारण प्रदर्शन प्रदर्शित किया हो। ऐसे समय पर बातचीत करने से बचें जब दूसरा पक्ष तनावग्रस्त, विचलित, या समय सीमा का सामना कर रहा हो।

बातचीत केवल पैसे के बारे में नहीं है। पूरे मुआवजा पैकेज पर विचार करें, जिसमें लाभ, बोनस, स्टॉक विकल्प, अवकाश समय, और लचीले कार्य व्यवस्था शामिल हैं। अपनी प्राथमिकताओं और जो आपके लिए सबसे अधिक मायने रखता है, उस पर विचार करें। अपनी ज़रूरतों और लक्ष्यों को पूरा करने वाले पैकेज को प्राप्त करने के लिए कई मोर्चों पर बातचीत करने के लिए तैयार रहें।

बातचीत एक सीखा हुआ कौशल है। जितना अधिक आप अभ्यास करेंगी, उतना ही बेहतर आप इसमें बनेंगी। अपने जीवन के विभिन्न पहलुओं में बातचीत करने के अवसरों की तलाश करें, जैसे कि वेतन, पदोन्नति, अनुबंध, और यहाँ तक कि रोजमर्रा की खरीदारी। अपने अनुभवों से, चाहे वे सफल हों या असफल, सीखें। अभ्यास के साथ, आप अपनी योग्यता के लिए प्रभावी ढंग से बातचीत करने के आत्मविश्वास और कौशल को विकसित करेंगी।

डर और आत्म-संदेह पर काबू पाना सफल बातचीत के लिए आवश्यक है। कई महिलाएँ बातचीत करने में संकोच करती हैं क्योंकि वे लालची या आक्रामक मानी जाने से डरती हैं। याद रखें, बातचीत लालच का संकेत नहीं है; यह आत्म-सम्मान और आपकी पेशेवर योग्यता के प्रति प्रतिबद्धता का संकेत है। डर को आपको रोकने न दें। बातचीत को अपने लिए वकालत करने और अपनी पूरी क्षमता प्राप्त करने के अवसर के रूप में अपनाएँ।

याद रखें, अपनी योग्यता के लिए बातचीत करना एक सतत प्रक्रिया है। यह एक बार की घटना नहीं है, बल्कि यह सुनिश्चित करने का एक सतत प्रयास है कि आपके योगदानों के लिए आपको उचित रूप से मुआवजा दिया जाए। जैसे-जैसे आपके कौशल, अनुभव, और ज़िम्मेदारियाँ बढ़ती हैं, अपने वेतन या लाभों पर फिर से बातचीत करने से न डरें। लगातार अपनी वकालत करके, आप न केवल अधिक

वित्तीय सफलता प्राप्त करेंगी, बल्कि अपने और कार्यस्थल में अन्य महिलाओं को सशक्त भी करेंगी।

वित्तीय सफलता प्राप्त करेंगी, बल्कि अपने और कार्यस्थल में अन्य महिलाओं को सशक्त भी करेंगी।

आपकी योग्यता दूसरों द्वारा निर्धारित नहीं की जाती है; यह आपकी अनूठी कौशल, अनुभव, और आपके द्वारा लाई गई मूल्य का प्रतिबिंब है। आत्मविश्वास के साथ बातचीत करें, अपनी योग्यता की वकालत करें, और कभी भी अपने से कम के लिए समझौता न करें।

9

मार्गदर्शन और समर्थन की खोज करना

करियर में प्रगति के जटिल परिदृश्य में, मार्गदर्शन और समर्थन प्रकाश स्तंभ के रूप में उभरते हैं, जो महारत और संतोष की ओर मार्ग प्रशस्त करते हैं। ये वे दिशासूचक हैं जो महिलाओं को पेशेवर विकास के अक्सर अनदेखे क्षेत्रों में नेविगेट करने में मदद करते हैं, अमूल्य समर्थन, मार्गदर्शन और वकालत प्रदान करते हैं। इस अध्याय में, हम मार्गदर्शन और समर्थन की परिवर्तनकारी शक्ति का अन्वेषण करते हैं, उनकी विशिष्ट भूमिकाओं, एक महिला के करियर पर उनके गहरे प्रभाव, और इन अमूल्य संबंधों को विकसित करने की रणनीतियों को उजागर करते हैं।

मार्गदर्शन, अपने मूल में, विश्वास, आपसी सम्मान, और वृद्धि की साझा इच्छा पर आधारित एक रिश्ता है। एक मार्गदर्शक एक अनुभवी पेशेवर होता है जो एक कम अनुभवी व्यक्ति, जिसे मेंटी कहा जाता है, को मार्गदर्शन, सलाह, और समर्थन प्रदान करता है। यह संबंध औपचारिक या अनौपचारिक, संरचित या स्वाभाविक हो सकता है, लेकिन इसका सार ज्ञान, अंतर्दृष्टि, और दृष्टिकोण के आदान-प्रदान में निहित है।

एक मार्गदर्शक एक सुनने वाले बोर्ड के रूप में कार्य करता है, जो मेंटी को विचारों, चुनौतियों, और आकांक्षाओं का अन्वेषण करने के लिए एक सुरक्षित स्थान प्रदान करता है। वे अपने अनुभव, ज्ञान, और सीखे गए पाठ साझा करते हैं, जिससे मेंटी को पेशेवर दुनिया की जटिलताओं को समझने में मदद मिलती है। वे प्रतिक्रिया

प्रदान करते हैं, प्रोत्साहन देते हैं, और मेंटी को अपने आराम क्षेत्र से बाहर निकलने और अपनी पूरी क्षमता तक पहुँचने के लिए प्रेरित करते हैं।

मार्गदर्शन के लाभ कई हैं। मेंटी ज्ञान और अनुभव के खजाने तक पहुँच प्राप्त करते हैं, जो उनके सीखने और विकास को तेज़ करता है। उन्हें कार्यस्थल की जटिलताओं, संबंध बनाने, और रणनीतिक करियर निर्णय लेने पर मार्गदर्शन प्राप्त होता है। उन्हें मार्गदर्शक के नेटवर्क और कनेक्शनों से भी लाभ मिलता है, जो नए अवसरों और सहयोगों के द्वार खोलते हैं।

दूसरी ओर, समर्थन मार्गदर्शन को एक कदम आगे ले जाता है। एक समर्थक एक वरिष्ठ-स्तरीय कार्यकारी होता है जो केवल मार्गदर्शन और समर्थन प्रदान नहीं करता बल्कि अपने प्रोटेगी के करियर की प्रगति के लिए सक्रिय रूप से वकालत भी करता है। वे अपने प्रभाव और नेटवर्क का उपयोग अवसर पैदा करने, अपने प्रोटेगी की उपलब्धियों का समर्थन करने, और उन दरवाजों को खोलने के लिए करते हैं जो अन्यथा बंद रह सकते हैं।

महिलाओं के लिए, जो कार्यस्थल में अक्सर प्रणालीगत बाधाओं और पूर्वाग्रहों का सामना करती हैं, समर्थन एक शक्तिशाली उपकरण है। एक समर्थक मुख्य निर्णयकर्ताओं तक पहुँच प्रदान करके, पदोन्नति और वेतन वृद्धि के लिए वकालत करके, और यह सुनिश्चित करके कि उनके प्रोटेगी के योगदानों को पहचाना और पुरस्कृत किया जाए, कार्यस्थल को समान स्तर पर ला सकता है। वे आदर्श के रूप में भी कार्य करते हैं, जो क्या संभव है इसे प्रदर्शित करते हैं और अपने प्रोटेगी को नई ऊँचाइयों तक पहुँचने के लिए प्रेरित करते हैं।

मार्गदर्शन और समर्थन संबंधों को विकसित करने के लिए इरादा और प्रयास की आवश्यकता होती है। अपने संगठन या उद्योग में संभावित मार्गदर्शकों और समर्थकों की पहचान करें। उन व्यक्तियों को देखें जिन्होंने उन क्षेत्रों में सफलता प्राप्त की है जो आपके करियर की आकांक्षाओं के साथ मेल खाते हैं। अपने नेटवर्क का विस्तार करने और संभावित मार्गदर्शकों और समर्थकों से जुड़ने के लिए उद्योग कार्यक्रमों, सम्मेलनों, और कार्यशालाओं में भाग लें।

संभावित मार्गदर्शकों या समर्थकों से संपर्क करते समय, अपने लक्ष्यों और उस

रिश्ते से आप क्या हासिल करना चाहते हैं, इसे स्पष्ट करें। उनके काम के प्रति अपना प्रशंसा व्यक्त करें और समझाएँ कि आपको क्यों लगता है कि वे एक मूल्यवान मार्गदर्शक या समर्थक होंगे। बदले में कुछ पेशकश करने के लिए तैयार रहें, जैसे आपका समय, विशेषज्ञता, या सीखने की आपकी इच्छा।

एक बार जब आपने मार्गदर्शन या समर्थन संबंध स्थापित कर लिया है, तो इसे नियमित संवाद, आभार, और परस्परता के साथ पोषित करें। अपने मार्गदर्शक या समर्थक को अपनी प्रगति के बारे में अपडेट रखें, उनकी प्रतिक्रिया प्राप्त करें, और उनके समर्थन के लिए अपनी सराहना व्यक्त करें। अपने विचारों और दृष्टिकोणों की पेशकश करने के लिए तैयार रहें, और जब आवश्यकता हो तो मदद माँगने में संकोच न करें।

याद रखें, मार्गदर्शन और समर्थन एकतरफा रास्ते नहीं हैं। ये साझेदारियाँ आपसी सम्मान, विश्वास, और वृद्धि की साझा इच्छा पर आधारित हैं। इन रिश्तों में निवेश करके, आप अपने भविष्य में निवेश कर रहे हैं। आप अपने आप को नई संभावनाओं के लिए खोल रहे हैं, अपने नेटवर्क का विस्तार कर रहे हैं, और अपने करियर की दिशा को तेज़ कर रहे हैं।

अंत में, मार्गदर्शन और समर्थन करियर में महारत हासिल करने की इच्छुक महिलाओं के लिए अमूल्य संसाधन हैं। वे मार्गदर्शन, समर्थन, वकालत, और उन अवसरों तक पहुँच प्रदान करते हैं जो आपको अपने लक्ष्यों की ओर प्रेरित कर सकते हैं। मार्गदर्शकों और समर्थकों की सक्रिय रूप से खोज करके, उन रिश्तों को पोषित करके, और इसे आगे बढ़ाते हुए, आप सशक्तिकरण की लहर पैदा कर सकती हैं और सभी के लिए एक अधिक समान और समावेशी कार्यस्थल बना सकती हैं। याद रखें, आपकी करियर यात्रा एक एकाकी प्रयास नहीं है। सही मार्गदर्शकों और समर्थकों के साथ, आप अपनी पूरी क्षमता प्राप्त कर सकती हैं और दुनिया पर स्थायी प्रभाव डाल सकती हैं।

मार्गदर्शन और समर्थन प्रकाशमान सितारों की तरह हैं, जो आपके करियर में महारत की यात्रा को प्रकाशित करते हैं। उन मार्गदर्शकों की तलाश करें जो आपको प्रेरित करें, उन समर्थकों की तलाश करें जो आपकी वकालत करें, और दूसरों को मार्गदर्शन देकर इस कड़ी को आगे बढ़ाएँ।

10

अपना व्यक्तिगत ब्रांड बनाना

व्यापक और प्रतिस्पर्धात्मक पेशेवर परिदृश्य में, व्यक्तिगत ब्रांड बनाना महिलाओं के लिए एक शक्तिशाली उपकरण के रूप में उभरा है, जिससे वे खुद को अलग कर सकें, अपने प्रभाव को बढ़ा सकें, और करियर में महारत हासिल कर सकें। यह केवल आत्म-प्रचार तक सीमित नहीं है; यह एक रणनीतिक प्रक्रिया है, जिसमें अपनी अनूठी मूल्य प्रस्ताव को परिभाषित करना, संप्रेषित करना, और लगातार जीना शामिल है। यह एक ऐसी कथा तैयार करने के बारे में है जो आपके लक्षित दर्शकों के साथ जुड़ती है, आपकी विशेषज्ञता स्थापित करती है, और उन लोगों पर एक स्थायी प्रभाव छोड़ती है जिनसे आप मिलते हैं।

व्यक्तिगत ब्रांडिंग का आधार आत्म-खोज है। इससे पहले कि आप दुनिया को प्रभावी ढंग से अपना ब्रांड संप्रेषित करें, आपको यह गहरी समझ होनी चाहिए कि आप कौन हैं, आप किसके लिए खड़े हैं, और आपको क्या खास बनाता है। अपने मूल्यों, जुनून, कौशल, और अनुभवों पर विचार करने के लिए समय निकालें। अपनी ताकत और कमजोरियों, अपने अद्वितीय दृष्टिकोण, और अपनी विशेषज्ञता के क्षेत्रों की पहचान करें। यह आत्म-जागरूकता वह नींव होगी जिस पर आप अपना व्यक्तिगत ब्रांड बनाएँगी।

अपनी पहचान स्पष्ट करने के बाद, अपना ब्रांड संदेश परिभाषित करने का समय आ गया है। आप किसके लिए पहचाने जाना चाहती हैं? अपने और अपने काम

के बारे में आप कौन से मुख्य संदेश देना चाहती हैं? आपका ब्रांड संदेश संक्षिप्त, प्रभावशाली और प्रामाणिक होना चाहिए। इसे आपके मूल्यों, आपकी विशेषज्ञता, और दुनिया में प्रभाव बनाने की आपकी आकांक्षाओं को प्रतिबिंबित करना चाहिए।

डिजिटल युग में, एक मजबूत ऑनलाइन उपस्थिति तैयार करना व्यक्तिगत ब्रांड बनाने के लिए आवश्यक है। आपके ऑनलाइन प्रोफाइल, जैसे कि लिंक्डइन, ट्विटर, और व्यक्तिगत वेबसाइटें, आपके डिजिटल स्टोरफ्रंट के रूप में कार्य करती हैं। सुनिश्चित करें कि वे अद्यतन, पेशेवर, और आपके ब्रांड संदेश के अनुरूप हैं। उच्च-गुणवत्ता वाले हेडशॉट्स का उपयोग करें, आकर्षक बायो लिखें, और अपनी उपलब्धियों और विशेषज्ञता को प्रदर्शित करें।

मूल्यवान सामग्री बनाना आपकी विशेषज्ञता स्थापित करने और व्यक्तिगत ब्रांड बनाने का एक शक्तिशाली तरीका है। अपने अंतर्दृष्टि, ज्ञान, और अनुभवों को ब्लॉग पोस्ट, लेख, सोशल मीडिया अपडेट, या यहाँ तक कि वीडियो के माध्यम से साझा करें। अपने संदेश में निरंतरता बनाए रखें और अपने दर्शकों को मूल्य प्रदान करने का प्रयास करें। अपनी विशेषज्ञता साझा करके, आप अपने क्षेत्र में एक विचारशील नेता के रूप में अपनी स्थिति बनाती हैं और एक वफादार अनुयायी समूह को आकर्षित करती हैं।

नेटवर्किंग व्यक्तिगत ब्रांडिंग का एक महत्वपूर्ण घटक है। अपने पेशेवर नेटवर्क के साथ सक्रिय रूप से जुड़ें, चाहे वह ऑनलाइन हो या ऑफलाइन। उद्योग कार्यक्रमों, सम्मेलनों, और कार्यशालाओं में भाग लें। लिंक्डइन और अन्य सोशल मीडिया प्लेटफॉर्म पर सहयोगियों, मैंटर्स, और संभावित ग्राहकों से जुड़ें। आपसी सम्मान, विश्वास, और परस्परता के आधार पर संबंध बनाएँ। अपने नेटवर्क का विस्तार करके और सार्थक संबंधों को बढ़ावा देकर, आप अपनी दृश्यता बढ़ाएँगी और सहयोग और विकास के अवसर पैदा करेंगी।

निरंतरता व्यक्तिगत ब्रांडिंग में कुंजी है। सुनिश्चित करें कि आपका ब्रांड संदेश, ऑनलाइन उपस्थिति, और पेशेवर संवाद सभी संरेखित और सुसंगत हों। इसका अर्थ है अपने ब्रांड संदेश को सभी चैनलों पर लगातार संप्रेषित करना, एक पेशेवर व्यवहार बनाए रखना, और अपने वादों को पूरा करना। निरंतरता विश्वास, विश्वसनीयता, और पहचान बनाती है, जो एक मजबूत व्यक्तिगत ब्रांड के लिए

आवश्यक हैं।

प्रामाणिकता व्यक्तिगत ब्रांडिंग का मूल है। सच्चे, पारदर्शी, और खुद के प्रति ईमानदार बनें। किसी और बनने की कोशिश न करें। इसके बजाय, अपने अनूठे व्यक्तित्व, विशिष्टताओं, और अनुभवों को अपनाएँ। लोग प्रामाणिकता की ओर आकर्षित होते हैं, और यही वह है जो आपको प्रतिस्पर्धा से अलग बनाएगा।

व्यक्तिगत ब्रांड बनाना समय, प्रयास, और समर्पण लेता है। यह आत्म-खोज, परिष्करण, और विकास की एक सतत प्रक्रिया है। प्रयोग करने, नई चीज़ें आज़माने, और अपनी गलतियों से सीखने से न डरें। मूल्यवान अंतर्दृष्टि प्राप्त करने और अपने दृष्टिकोण को बेहतर बनाने के लिए भरोसेमंद सहयोगियों, मेंटर्स, या कोचों से प्रतिक्रिया प्राप्त करें।

याद रखें, आपका व्यक्तिगत ब्रांड केवल इस बारे में नहीं है कि आप क्या कहती हैं या करती हैं; यह इस बारे में है कि आप कौन हैं और दुनिया पर आप जो प्रभाव डालती हैं। एक मजबूत व्यक्तिगत ब्रांड बनाकर, आप अपने करियर लक्ष्यों को प्राप्त करने, अपने क्षेत्र में एक सार्थक योगदान करने, और एक स्थायी विरासत छोड़ने के लिए खुद को सशक्त करेंगी। व्यक्तिगत ब्रांडिंग की यात्रा को जुनून, प्रामाणिकता, और उत्कृष्टता के प्रति प्रतिबद्धता के साथ अपनाएँ, और देखें कि आपका करियर नई ऊँचाइयों तक पहुँचता है।

आपका व्यक्तिगत ब्रांड आपकी अनूठी मूल्य प्रस्तावना है। एक प्रभावशाली कथा तैयार करें, अपनी विशेषज्ञता स्थापित करें, और हर संवाद में लगातार अपने ब्रांड को जीएँ।

༺ঔৎ

11

करियर और व्यक्तिगत जीवन में संतुलन बनाना

आधुनिक युग में, एक संतोषजनक करियर और एक समृद्ध व्यक्तिगत जीवन को बनाए रखना अक्सर एक नाज़ुक संतुलन जैसा महसूस होता है। कार्य, परिवार, रिश्तों, और व्यक्तिगत भलाई की माँगें हमें अलग-अलग दिशाओं में खींच सकती हैं, जिससे हम अभिभूत, तनावग्रस्त, और असंबद्ध महसूस कर सकते हैं। विशेष रूप से महिलाओं के लिए, जो अक्सर देखभाल करने की अधिकांश ज़िम्मेदारियाँ निभाती हैं, करियर और व्यक्तिगत जीवन के बीच सामंजस्यपूर्ण संतुलन खोजना एक दूर का सपना लग सकता है। हालाँकि, जानबूझकर किए गए प्रयासों, विचारशील रणनीतियों, और आत्म-देखभाल के प्रति प्रतिबद्धता के साथ, एक संतोषजनक और टिकाऊ संतुलन प्राप्त करना वास्तव में संभव है।

कार्य-जीवन संतुलन प्राप्त करने का पहला कदम यह परिभाषित करना है कि संतुलन आपके लिए क्या मायने रखता है। यह आपके समय को कार्य और व्यक्तिगत जीवन के बीच समान रूप से विभाजित करने के बारे में नहीं है, बल्कि इसे इस तरह से एकीकृत करने के बारे में है जो संतोषजनक और टिकाऊ महसूस हो। इसके लिए आपके व्यक्तिगत और पेशेवर दोनों प्राथमिकताओं, मूल्यों, और लक्ष्यों को समझने की आवश्यकता होती है। आपके लिए सबसे महत्वपूर्ण क्या है? कौन सी गतिविधियाँ आपको खुशी और संतोष देती हैं? परिवार के साथ समय बिताने, शौक पूरे करने, या खुद के लिए समय निकालने के मामले में आपके लिए क्या अनिवार्य है?

एक बार जब आप अपनी प्राथमिकताओं को स्पष्ट कर लेते हैं, तो सीमाएँ निर्धारित करने का समय आ जाता है। इसका मतलब है कि कार्य और व्यक्तिगत जीवन के बीच स्पष्ट सीमाएँ स्थापित करना। इसमें विशिष्ट कार्य घंटों को सेट करना, घंटों के बाद ईमेल और कॉल को सीमित करना, और परिवार, दोस्तों, और व्यक्तिगत गतिविधियों के लिए समर्पित समय बनाना शामिल हो सकता है। इसका यह भी अर्थ है कि उन अतिरिक्त प्रतिबद्धताओं को अस्वीकार करना जो आपकी प्राथमिकताओं या मूल्यों के साथ मेल नहीं खातीं।

समय प्रबंधन कार्य-जीवन संतुलन प्राप्त करने के लिए एक महत्वपूर्ण कौशल है। कार्यों को प्राथमिकता देना, ज़िम्मेदारियाँ सौंपना, और अनावश्यक व्याकुलताओं को समाप्त करना सीखें। कैलेंडर, टू-डू सूचियाँ, और समय-ट्रैकिंग ऐप जैसे उपकरणों का उपयोग करके संगठित और केंद्रित रहें। दिन भर में नियमित रूप से ब्रेक लें ताकि आप फिर से तरोताजा हो सकें और बर्नआउट से बच सकें। समय का प्रभावी प्रबंधन करके, आप कार्यस्थल पर अपनी उत्पादकता को अधिकतम कर सकते हैं और फिर भी अपने व्यक्तिगत जीवन के लिए समय और ऊर्जा बचा सकते हैं।

आत्म-देखभाल कार्य-जीवन संतुलन का एक अनिवार्य घटक है। यह आपके शारीरिक, मानसिक, और भावनात्मक भलाई की देखभाल के बारे में है। इसमें नियमित व्यायाम, स्वस्थ भोजन, पर्याप्त नींद लेना, माइंडफुलनेस का अभ्यास करना, और उन गतिविधियों में शामिल होना शामिल हो सकता है जो आपको खुशी देती हैं। जब आप अच्छी तरह से आराम करते हैं और ऊर्जावान महसूस करते हैं, तो आप कार्य और व्यक्तिगत जीवन दोनों की माँगों को बेहतर ढंग से संभाल सकते हैं।

कार्य-जीवन संतुलन की खोज में लचीलापन महत्वपूर्ण है। जब भी संभव हो, टेलीकम्यूनिकेशन, फ्लेक्सटाइम, या संकुचित कार्य सप्ताह जैसे लचीले कार्य व्यवस्थाओं को अपनाएँ। ये व्यवस्थाएँ आपके शेड्यूल पर अधिक नियंत्रण प्रदान कर सकती हैं और आपको कार्य और व्यक्तिगत जीवन को बेहतर ढंग से एकीकृत करने की अनुमति दे सकती हैं। यदि आपका वर्तमान कार्य लचीले विकल्प प्रदान नहीं करता है, तो उन वैकल्पिक करियर पथों पर विचार करें जो अधिक लचीलापन

प्रदान करते हैं।

खुले संवाद व्यक्तिगत और पेशेवर दोनों रिश्तों में आवश्यक है। अपने साथी, परिवार, दोस्तों, और सहकर्मियों के साथ अपनी ज़रूरतों और अपेक्षाओं के बारे में बात करें। अपने लक्ष्यों और चुनौतियों को साझा करें, और उनके समर्थन और समझ की तलाश करें। खुले और ईमानदार संवाद के माध्यम से, आप मजबूत संबंध बना सकते हैं और एक ऐसा समर्थन प्रणाली बना सकते हैं जो आपको कार्य-जीवन संतुलन की जटिलताओं को नेविगेट करने में मदद करता है।

जब आपको ज़रूरत हो तो मदद माँगने से न डरें। कार्यस्थल पर कार्य सौंपें, एक देखभालकर्ता या नैनी को किराए पर लें, दोस्तों और परिवार की मदद लें, या घरेलू कामों को आउटसोर्स करने पर विचार करें। याद रखें, आपको सब कुछ अकेले करने की ज़रूरत नहीं है। मदद मांगकर और ज़िम्मेदारियाँ सौंपकर, आप उन चीज़ों के लिए समय और ऊर्जा निकाल सकते हैं जो आपके लिए सबसे महत्वपूर्ण हैं।

यथार्थवादी अपेक्षाएँ निर्धारित करना कार्य-जीवन संतुलन बनाए रखने के लिए महत्वपूर्ण है। यह स्वीकार करें कि ऐसे समय होंगे जब काम आपके ध्यान की अधिक माँग करेगा और अन्य समय जब व्यक्तिगत जीवन प्राथमिकता लेगा। पूर्णता की आकांक्षा न करें; प्रगति की ओर बढ़ें। अपनी सफलताओं का जश्न मनाएँ, अपनी चुनौतियों से सीखें, और आवश्यकता पड़ने पर अपने दृष्टिकोण को समायोजित करें।

कार्य-जीवन संतुलन के लिए प्रौद्योगिकी को एक उपकरण के रूप में अपनाएँ। ऑनलाइन सहयोग उपकरण, परियोजना प्रबंधन सॉफ़्टवेयर, और संचार प्लेटफ़ॉर्म का उपयोग करके अपने काम को सुव्यवस्थित करें और दक्षता में सुधार करें। दोहराए जाने वाले कार्यों को स्वचालित करें, ज़िम्मेदारियाँ सौंपें, और प्रौद्योगिकी का लाभ उठाएँ ताकि अपने व्यक्तिगत जीवन के लिए अधिक समय बनाया जा सके।

याद रखें, कार्य-जीवन संतुलन प्राप्त करना एक सतत यात्रा है, कोई गंतव्य नहीं। इसमें निरंतर पुनर्मूल्यांकन, समायोजन, और विभिन्न दृष्टिकोणों के साथ प्रयोग करने की इच्छा की आवश्यकता होती है। खुद के प्रति दयालु बनें, लचीलापन

अपनाएँ, और आत्म-देखभाल को प्राथमिकता दें। काम और व्यक्तिगत जीवन का सामंजस्यपूर्ण एकीकरण बनाकर, आप अपने जीवन के सभी क्षेत्रों में अधिक संतोष, खुशी, और सफलता प्राप्त कर सकते हैं।

याद रखें, कार्य-जीवन संतुलन की खोज व्यक्तिगत है। यह एक जैसा समाधान सभी पर लागू नहीं होता। जो एक व्यक्ति के लिए काम करता है वह दूसरे के लिए काम नहीं कर सकता। कुंजी यह है कि आप, आपके परिवार, और आपके करियर की आकांक्षाओं के लिए सबसे अच्छा काम करने वाली चीज़ों को खोजें। अपनी भलाई को प्राथमिकता देकर, सीमाएँ निर्धारित करके, अपने समय का प्रभावी प्रबंधन करके, खुले तौर पर संवाद करके, समर्थन प्राप्त करके, और लचीलापन अपनाकर, आप एक संतोषजनक और टिकाऊ कार्य-जीवन संतुलन बना सकते हैं जो आपको व्यक्तिगत और पेशेवर दोनों रूप से फलने-फूलने की अनुमति देता है।

एक संतोषजनक करियर और एक समृद्ध व्यक्तिगत जीवन परस्पर विरोधी नहीं हैं। एकीकरण की कोशिश करें, सीमाएँ निर्धारित करें, आत्म-देखभाल को प्राथमिकता दें, और एक ऐसा सामंजस्यपूर्ण संतुलन बनाएँ जो आपके पेशेवर और व्यक्तिगत लक्ष्यों को पोषित करे।

12

इंम्पोस्टर सिंड्रोम से पार पाना

इंम्पोस्टर सिंड्रोम, जो सफलता के बाहरी प्रमाण होने के बावजूद आत्म-संदेह और अक्षमता की गहरी भावना है, कार्यस्थल पर कई महिलाओं के लिए एक सामान्य अनुभव है। यह वह परेशान करने वाली आवाज़ है जो आपके मन में कहती है, "तुम अच्छे नहीं हो," "तुम इसके लायक नहीं हो," या "तुम एक धोखेबाज़ के रूप में उजागर हो जाओगे।" यह अंदरूनी डर, खुद को एक धोखेबाज़ समझने का, आत्मविश्वास को कमजोर कर सकता है, प्रदर्शन को बाधित कर सकता है, और महिलाओं को उनकी पूरी क्षमता तक पहुँचने से रोक सकता है।

इंम्पोस्टर सिंड्रोम पर काबू पाने का पहला कदम यह है कि आप अपनी भावनाओं को स्वीकार करें और उन्हें मान्यता दें। समझें कि ये भावनाएँ वास्तविक और सामान्य हैं, लेकिन यह वास्तविकता पर आधारित नहीं हैं। खुद को याद दिलाएं कि आप अकेले नहीं हैं जो इन संदेहों का अनुभव करते हैं और यहां तक कि सबसे सफल लोग भी अक्सर इंम्पोस्टर सिंड्रोम का सामना करते हैं। अपनी भावनाओं को स्वीकार करके, आप उन्हें तथ्यों से अलग करना और उस नकारात्मक आत्म-चर्चा को चुनौती देना शुरू कर सकते हैं, जो इंम्पोस्टर सिंड्रोम को बढ़ावा देती है।

नकारात्मक आत्म-चर्चा को चुनौती देना इंम्पोस्टर सिंड्रोम से पार पाने का एक महत्वपूर्ण कदम है। जब आप अपने मन में उन आलोचनात्मक आवाज़ों को सुनें, तो उन्हें सकारात्मक पुष्टि के साथ जवाब दें, जो आपकी ताकत और उपलब्धियों को मजबूत करती हैं। अपने पिछले सफलताओं, अपने पास मौजूद कौशल और ज्ञान, और सहयोगियों और मार्गदर्शकों से प्राप्त सकारात्मक प्रतिक्रिया को याद करें। नकारात्मक विचारों को सक्रिय रूप से चुनौती देकर, आप अपने दृष्टिकोण को नया रूप दे सकते हैं और एक सकारात्मक और सशक्त आत्म-कथा बना सकते हैं।

अपनी उपलब्धियों और योगदानों पर ध्यान केंद्रित करना इंम्पोस्टर सिंड्रोम पर काबू पाने के लिए एक शक्तिशाली उपकरण है। अपनी बड़ी और छोटी दोनों उपलब्धियों का रिकॉर्ड रखें। अपनी जीत का जश्न मनाएं और अपनी टीम और संगठन में जो मूल्य आप लाते हैं, उसे स्वीकार करें। अपनी उपलब्धियों पर ध्यान केंद्रित करके, आप आत्म-संदेह से ध्यान हटाकर आत्म-क्षमता की ओर स्थानांतरित कर सकते हैं।

एक मजबूत समर्थन नेटवर्क बनाना इंम्पोस्टर सिंड्रोम पर काबू पाने के लिए महत्वपूर्ण है। अपने चारों ओर सकारात्मक और प्रोत्साहन देने वाले लोगों को रखें जो आप पर और आपकी क्षमताओं पर विश्वास करते हैं। ऐसे मार्गदर्शक, कोच, या प्रायोजक खोजें जो मार्गदर्शन, समर्थन, और प्रोत्साहन प्रदान कर सकते हैं। अपने अनुभवों को विश्वसनीय सहयोगियों या दोस्तों के साथ साझा करें, जो आपके विचारों को नए दृष्टिकोण से देखने और उन्हें नया रूप देने में मदद कर सकते हैं।

पेशेवर मदद लेना भी इंम्पोस्टर सिंड्रोम पर काबू पाने में फायदेमंद हो सकता है। चिकित्सक या सलाहकार आपकी आत्म-संदेह की जड़ को पहचानने, मुकाबला करने के तरीके विकसित करने, और आत्म-मूल्य की एक मजबूत भावना बनाने में मदद कर सकते हैं। वे आपको अपनी भावनाओं का पता लगाने और इंम्पोस्टर

सिंड्रोम पर काबू पाने के लिए रणनीतियाँ विकसित करने के लिए एक सुरक्षित स्थान भी प्रदान कर सकते हैं।

अपने दृष्टिकोण को फिर से परिभाषित करना भी इंम्पोस्टर सिंड्रोम से लड़ने का एक प्रभावी तरीका है। अपनी कथित कमजोरियों पर ध्यान केंद्रित करने के बजाय, अपनी ताकत और संभावनाओं पर ध्यान दें। एक विकास मानसिकता अपनाएं, चुनौतियों और असफलताओं को सीखने और विकास के अवसरों के रूप में देखें। याद रखें, हर कोई गलतियाँ करता है, और असफलता सीखने की प्रक्रिया का एक स्वाभाविक हिस्सा है। अपने दृष्टिकोण को फिर से परिभाषित करके, आप इंम्पोस्टर सिंड्रोम को विकास और लचीलापन के उत्प्रेरक में बदल सकते हैं।

यथार्थवादी अपेक्षाएँ स्थापित करना भी इंम्पोस्टर सिंड्रोम पर काबू पाने के लिए महत्वपूर्ण है। पूर्णता के लिए प्रयास न करें; इसके बजाय उत्कृष्टता के लिए प्रयास करें। याद रखें, कोई भी पूर्ण नहीं है, और हर किसी के पास ऐसे क्षेत्र हैं जिनमें वे सुधार कर सकते हैं। अपनी खामियों को स्वीकार करें क्योंकि वे आपको अद्वितीय और मूल्यवान बनाती हैं। यथार्थवादी अपेक्षाएँ स्थापित करके, आप अपने ऊपर डालने वाले दबाव को कम कर सकते हैं और अच्छे न होने के डर को कम कर सकते हैं।

अपनी सफलताओं का जश्न मनाएं और अपनी उपलब्धियों को स्वीकार करें। अपनी उपलब्धियों को पहचानने और अपने मील के पत्थरों का जश्न मनाने के लिए समय निकालें। अपने कड़ी मेहनत और समर्पण के लिए खुद को पुरस्कृत करें। अपनी सफलताओं का जश्न मनाकर, आप अपने आत्म-मूल्य को मजबूत करेंगे और अपनी क्षमताओं में आत्मविश्वास की एक मजबूत भावना का निर्माण करेंगे।

याद रखें, इंम्पोस्टर सिंड्रोम पर काबू पाना एक यात्रा है, न कि एक गंतव्य। इसमें समय, प्रयास, और आत्म-सुधार के प्रति प्रतिबद्धता की आवश्यकता होती है। खुद के प्रति धैर्य रखें, आत्म-दया अपनाएं, और अपनी प्रगति का जश्न मनाएं। इन रणनीतियों को लागू करके और जब भी ज़रूरत हो समर्थन मांगकर, आप इंम्पोस्टर सिंड्रोम पर काबू पा सकते हैं और अपनी पूरी क्षमता को उजागर कर सकते हैं।

अंत में, इंम्पोस्टर सिंड्रोम कार्यस्थल में कई महिलाओं के लिए एक सामान्य अनुभव है, लेकिन यह आपको रोकने की आवश्यकता नहीं है। अपनी भावनाओं को स्वीकार करके, नकारात्मक आत्म-चर्चा को चुनौती देकर, अपनी उपलब्धियों पर ध्यान केंद्रित करके, एक मजबूत समर्थन नेटवर्क बनाकर, पेशेवर मदद लेकर, अपने दृष्टिकोण को परिभाषित करके, यथार्थवादी अपेक्षाएँ स्थापित करके, और अपनी सफलताओं का जश्न मनाकर, आप इंम्पोस्टर सिंड्रोम पर काबू पा सकते हैं और अपने करियर के लक्ष्यों को प्राप्त कर सकते हैं। याद रखें, आप सक्षम हैं, आप योग्य हैं, और आप सफलता के हकदार हैं।

इंम्पोस्टर सिंड्रोम एक सामान्य लेकिन जीतने योग्य दुश्मन है। अपनी शंकाओं को स्वीकार करें, नकारात्मक आत्म-चर्चा को चुनौती दें, अपनी उपलब्धियों पर ध्यान दें, और अपनी सफलताओं का जश्न मनाएं।

◦⟋⟍◦

13

असफलता को एक सीढ़ी के रूप में अपनाना

करियर में महारत हासिल करने का रास्ता एक सहज और सीधा नहीं होता। यह अक्सर असफलताओं, चक्करों, और अप्रत्याशित चुनौतियों से भरा होता है। असफलता इस यात्रा का एक अपरिहार्य हिस्सा है, जो हमें निराश, हतोत्साहित और अपनी क्षमताओं पर संदेह करने के लिए छोड़ सकती है। हालांकि, असफलता को बाधा के बजाय एक सीढ़ी के रूप में देखना एक बदलावकारी अनुभव हो सकता है। यह नए अवसरों को खोल सकता है, लचीलापन विकसित कर सकता है, और हमें सफलता की नई ऊंचाइयों की ओर ले जा सकता है।

असफलता को अपनाने की शुरुआत एक दृष्टिकोण में बदलाव से होती है। असफलता को अक्षमता या अयोग्यता के संकेत के रूप में देखने के बजाय, इसे विकास और सीखने के अवसर के रूप में देखें। हर असफलता, हर गलती, हर अस्वीकृति में मूल्यवान पाठ होते हैं जो हमारे भविष्य के निर्णयों और कार्यों को सूचित कर सकते हैं। अपनी असफलताओं का विश्लेषण करके, उनकी जड़ों का पता लगाकर, और अपने दृष्टिकोण को समायोजित करके, हम अधिक मजबूत, अधिक समझदार, और अधिक लचीला बन सकते हैं।

असफलता नवाचार और रचनात्मकता का एक शक्तिशाली उत्प्रेरक हो सकती है। जब हमारे प्रारंभिक प्रयास विफल होते हैं, तो हमें नए दृष्टिकोणों पर विचार करने, नई संभावनाओं की खोज करने, और अपनी मान्यताओं को चुनौती देने के लिए

मजबूर होना पड़ता है। इस प्रयोग और अन्वेषण की प्रक्रिया से क्रांतिकारी विचार, नवीन समाधान, और अंततः बड़ी सफलता मिल सकती है। असफलता को एक सीढ़ी के रूप में अपनाने का अर्थ है यह पहचानना कि असफलताएँ यात्रा के अंत नहीं हैं बल्कि नवाचार की राह में छोटे-मोटे चक्कर हैं।

लचीलापन, विपरीत परिस्थितियों से उबरने की क्षमता, सफल व्यक्तियों की एक प्रमुख विशेषता है। असफलता हमारी सहनशक्ति की परीक्षा ले सकती है, हमें हमारी सीमाओं तक धकेल सकती है, और हमें अपने डर और संदेहों का सामना करने के लिए मजबूर कर सकती है। हालांकि, इन्हीं चुनौतियों के माध्यम से हम मानसिक और भावनात्मक ताकत विकसित करते हैं जो हमें बाधाओं को दूर करने, असफलताओं से गुजरने, और अंततः अपने लक्ष्यों को प्राप्त करने में सक्षम बनाती है। असफलता को एक सीढ़ी के रूप में अपनाने का अर्थ है यह पहचानना कि असफलताएँ स्थायी नहीं हैं और हमारे पास उनसे सीखने, विकसित होने और मजबूत बनकर उभरने की शक्ति है।

असफलता हमें विनम्र बनाने का भी एक अनुभव हो सकती है, जो हमें हमारी मानवता और सहयोग और समर्थन के महत्व की याद दिलाती है। जब हम असफल होते हैं, तो हम अक्सर मार्गदर्शन, प्रोत्साहन, और सहायता के लिए दूसरों की ओर रुख करते हैं। सहायता और समर्थन प्राप्त करने की यह प्रक्रिया न केवल हमें मूल्यवान अंतर्दृष्टि और संसाधन प्रदान कर सकती है, बल्कि हमारे संबंधों को मजबूत कर सकती है और समुदाय की भावना का निर्माण कर सकती है। असफलता को एक सीढ़ी के रूप में अपनाने का अर्थ है यह पहचानना कि हम अपने संघर्षों में अकेले नहीं हैं और मदद मांगना कमजोरी का नहीं बल्कि ताकत का संकेत है।

असफलता से सीखना व्यक्तिगत और पेशेवर विकास के लिए एक महत्वपूर्ण कौशल है। अपने अनुभवों पर विचार करने, यह विश्लेषण करने के लिए समय निकालें कि क्या गलत हुआ, और सुधार के क्षेत्रों की पहचान करें। अपने आप से पूछें: "मैं इससे क्या सीख सकता हूँ?" "मैं अगली बार बेहतर कैसे कर सकता हूँ?" "सफलता के लिए मुझे कौन से संसाधन या समर्थन चाहिए?" असफलता को एक सीखने के अवसर में बदलकर, आप मूल्यवान पाठ निकाल सकते हैं जो आपके भविष्य के निर्णयों और कार्यों को सूचित करेंगे।

असफलता को एक सीढ़ी के रूप में अपनाने के लिए एक विकास मानसिकता की आवश्यकता होती है, यह विश्वास कि हमारी क्षमताएँ और बुद्धिमत्ता समर्पण और कड़ी मेहनत के माध्यम से विकसित की जा सकती हैं। इसका अर्थ है चुनौतियों को विकास के अवसरों के रूप में देखना, प्रतिक्रिया को अपनाना, और असफलताओं के सामने दृढ़ रहना। एक विकास मानसिकता के साथ, हम असफलता को शर्म और निराशा के स्रोत से सीखने, नवाचार और अंततः सफलता के उत्प्रेरक में बदल सकते हैं।

अंत में, असफलता को एक सीढ़ी के रूप में अपनाना एक बदलावकारी दृष्टिकोण है जो नए अवसरों को खोल सकता है, लचीलापन बढ़ा सकता है, और हमें सफलता की नई ऊंचाइयों की ओर ले जा सकता है। असफलता को विकास, सीखने, नवाचार और सहयोग के अवसर के रूप में पुनः परिभाषित करके, हम अपने लक्ष्यों को प्राप्त करने, चुनौतियों को पार करने, और एक अधिक पूर्ण और प्रभावशाली करियर बनाने के लिए इसकी शक्ति का उपयोग कर सकते हैं। याद रखें, असफलता सफलता के विपरीत नहीं है; यह उसके रास्ते पर एक सीढ़ी है।

असफलता रास्ते का अंत नहीं है; यह सफलता की राह पर एक छोटा मोड़ है।
असफलताओं को सीखने के अवसरों के रूप में अपनाएं, मूल्यवान पाठ निकालें,
और उन्हें अपने लक्ष्यों की ओर कदम बढ़ाने के लिए उपयोग करें।

14

लचीलापन और अनुकूलता का विकास

व्यावसायिक दुनिया के निरंतर बदलते परिदृश्य में, लचीलापन और अनुकूलता वे अनिवार्य गुण हैं जो महिलाओं को न केवल जीवित रहने बल्कि सफल होने में मदद करते हैं। ताकत के ये दो स्तंभ हमें चुनौतियों का सामना करने, परिवर्तन को अपनाने, और असफलताओं से अधिक मजबूत और संसाधनपूर्ण बनकर उभरने में सक्षम बनाते हैं। लचीलापन और अनुकूलता को विकसित करना आत्म-खोज, सतत सीखने, और जीवन की अनिश्चितताओं के उतार-चढ़ाव को स्वीकार करने की एक यात्रा है।

लचीलापन प्रतिकूल परिस्थितियों का सामना करने और उनसे उबरने की क्षमता है। यह वह आंतरिक ताकत है जो हमें असफलताओं, निराशाओं, और विफलताओं से उबरने में सक्षम बनाती है। लचीले व्यक्तियों में आत्म-विश्वास की मजबूत भावना, सकारात्मक दृष्टिकोण, और तनाव के सामने संयम बनाए रखने की क्षमता होती है। वे चुनौतियों को विकास के अवसर के रूप में देखते हैं, परिवर्तन को नवाचार के उत्प्रेरक के रूप में अपनाते हैं, और प्रतिकूल परिस्थितियों में अडिग दृढ़ संकल्प के साथ आगे बढ़ते हैं।

लचीलापन बनाना आत्म-जागरूकता से शुरू होता है। अपनी ताकत, कमजोरियों, मूल्यों, और भावनात्मक ट्रिगर्स को समझना कठिन परिस्थितियों का सामना करने और मुकाबला करने के तंत्र विकसित करने के लिए महत्वपूर्ण है। इसमें

अपनी भावनाओं को पहचानना और प्रबंधित करना, एक सकारात्मक मानसिकता को विकसित करना, और ऐसे स्वस्थ आदतें विकसित करना शामिल है जो शारीरिक और मानसिक कल्याण को बढ़ावा देती हैं।

अनुकूलता, दूसरी ओर, नए या बदलते परिस्थितियों के अनुसार खुद को समायोजित करने की क्षमता है। यह अज्ञात को अपनाने, आवश्यकतानुसार अपनी दिशा बदलने, और अपरिचित वातावरण में सफल होने की क्षमता है। अनुकूल व्यक्ति नए विचारों के लिए खुले होते हैं, प्रयोग करने के इच्छुक होते हैं, और अस्पष्टता के साथ सहज रहते हैं। वे परिवर्तन को वृद्धि और नवाचार के अवसर के रूप में देखते हैं, न कि अपनी सुरक्षा या यथास्थिति के लिए खतरे के रूप में।

अनुकूलता को विकसित करने के लिए सीखने और विकसित होने की इच्छा की आवश्यकता होती है। इसका अर्थ है अपने आराम क्षेत्र से बाहर कदम रखना, नए अनुभवों को अपनाना, और अपनी कौशल-सेट का विस्तार करने के अवसरों की तलाश करना। इसमें एक विकास मानसिकता विकसित करना भी शामिल है, यह विश्वास कि हमारी क्षमताएं और बुद्धिमत्ता समर्पण और कड़ी मेहनत के माध्यम से विकसित की जा सकती हैं।

लचीलापन और अनुकूलता परस्पर जुड़े हुए हैं और एक-दूसरे को मजबूत करते हैं। जब हम असफलताओं या चुनौतियों का सामना करते हैं, तो हमारा लचीलापन हमें भावनात्मक प्रभाव का सामना करने और अधिक मजबूत बनने में मदद करता है। हमारी अनुकूलता हमें अपने दृष्टिकोण को समायोजित करने, अपने अनुभवों से सीखने, और सफलता पाने के नए तरीके खोजने में सक्षम बनाती है। साथ में, लचीलापन और अनुकूलता एक शक्तिशाली संयोजन बनाते हैं जो हमें जीवन की जटिलताओं का सामना करने और अपने लक्ष्यों को प्राप्त करने में सक्षम बनाते हैं।

कार्यस्थल में, लचीलापन और अनुकूलता करियर की सफलता के लिए आवश्यक हैं। वे हमें बाधाओं को दूर करने, तनाव प्रबंधित करने, परिवर्तन के साथ तालमेल बिठाने, और एक प्रतिस्पर्धात्मक वातावरण में सफल होने में सक्षम बनाते हैं। लचीले और अनुकूल लोग अपने संगठनों के लिए अधिक मूल्यवान संपत्ति माने

जाते हैं, क्योंकि उनके पास चुनौतियों का सामना करने, परिवर्तन को अपनाने, और एक सकारात्मक और उत्पादक कार्य वातावरण में योगदान करने की क्षमता होती है।

लचीलापन और अनुकूलता को विकसित करना एक सतत प्रक्रिया है जिसमें निरंतर सीखना, आत्म-चिंतन, और असुविधा को अपनाने की इच्छा शामिल है। यह सामना करने के तंत्रों का एक टूलकिट विकसित करने, एक सहायक नेटवर्क बनाने, और एक सकारात्मक मानसिकता को बढ़ावा देने के बारे में है। यह यह पहचानने के बारे में भी है कि असफलताएँ और विफलताएँ सड़क का अंत नहीं हैं, बल्कि विकास और परिवर्तन के अवसर हैं।

अंत में, लचीलापन और अनुकूलता को विकसित करना आत्म-खोज, सतत सीखने, और जीवन की अनिश्चितताओं के उतार-चढ़ाव को अपनाने की यात्रा है। इन आवश्यक गुणों को विकसित करके, हम चुनौतियों का सामना कर सकते हैं, परिवर्तन को अपनाने, और असफलताओं से अधिक मजबूत और संसाधनपूर्ण बनकर उभर सकते हैं। लचीलापन और अनुकूलता केवल कौशल नहीं हैं; वे ऐसे मानसिकता हैं जो हमें विपरीत परिस्थितियों में सफल होने, अपने लक्ष्यों को प्राप्त करने, और एक पूर्ण और प्रभावशाली जीवन बनाने में सक्षम बनाते हैं।

जीवन में एकमात्र स्थिर चीज परिवर्तन है। लचीलापन और अनुकूलता को विकसित करें, नई चुनौतियों को अपनाएं, और सतत सीखते और बढ़ते रहें ताकि लगातार बदलते काम के परिदृश्य में सफल हो सकें।

15

विविधता और समावेशन को बढ़ावा देना

विविधता और समावेशन को बढ़ावा देना एक समृद्ध और न्यायसंगत कार्यस्थल के निर्माण की दिशा में एक बुनियादी स्तंभ है। यह केवल नियमों का पालन करने तक सीमित नहीं है; यह एक ऐसा वातावरण बनाने का सचेत प्रयास है जहां हर व्यक्ति को मूल्यवान, सम्मानित और अपनी अनूठी दृष्टिकोण और प्रतिभाओं को साझा करने के लिए सशक्त महसूस होता है। विविधता और समावेशन के प्रति यह प्रतिबद्धता न केवल कार्यस्थल को समृद्ध करती है, बल्कि नवाचार को भी प्रेरित करती है, समस्या-समाधान की क्षमताओं को बढ़ाती है, और अंततः संगठनात्मक सफलता को आगे बढ़ाती है।

विविधता मानव अनुभवों की एक विस्तृत श्रृंखला को समाहित करती है, जिसमें जाति, जातीयता, लिंग, यौन अभिविन्यास, आयु, विकलांगता, धर्म, सामाजिक-आर्थिक स्थिति, और अधिक शामिल हैं। यह मानव भिन्नताओं की समृद्धता को पहचानने और उसकी सराहना करने के बारे में है और उन्हें एक अधिक जीवंत और गतिशील कार्यस्थल बनाने के लिए उपयोग करने के बारे में है। दूसरी ओर, समावेशन एक ऐसा वातावरण बनाने के बारे में है जहां हर व्यक्ति का स्वागत, सम्मान और पूरी तरह से भाग लेने के लिए सशक्त महसूस हो। यह सुनिश्चित करने के बारे में है कि सभी आवाजें सुनी जाएं, सभी दृष्टिकोणों को महत्व दिया जाए, और हर किसी को अपनी अनूठी प्रतिभाओं और कौशलों का योगदान करने का अवसर मिले।

विविधता और समावेशन को बढ़ावा देना न केवल एक नैतिक अनिवार्यता है, बल्कि यह एक व्यावसायिक अनिवार्यता भी है। अनुसंधान ने लगातार दिखाया है कि विविध टीमें समरूप टीमों की तुलना में अधिक नवाचारी, रचनात्मक और समस्या-समाधान में बेहतर होती हैं। वे विविध ग्राहक आधारों को समझने और उनसे जुड़ने में भी अधिक सक्षम होती हैं, जिससे बाजार हिस्सेदारी और लाभप्रदता में वृद्धि होती है। इसके अलावा, एक विविध और समावेशी कार्यस्थल कर्मचारी सगाई, संतोष, और बने रहने को प्रोत्साहित करता है, जिससे कर्मचारियों के छोड़ने की लागत घटती है और समग्र उत्पादकता बढ़ती है।

एक विविध और समावेशी कार्यस्थल का निर्माण नेतृत्व की प्रतिबद्धता से शुरू होता है। नेताओं को शीर्ष स्तर से इसे प्राथमिकता देनी चाहिए, विविधता और समावेशन के महत्व को स्पष्ट रूप से व्यक्त करना और अपने कार्यों के माध्यम से अपनी प्रतिबद्धता को प्रदर्शित करना चाहिए। इसमें स्पष्ट लक्ष्य और मापदंड स्थापित करना, खुद को और दूसरों को जवाबदेह ठहराना, और संगठन के मूल्यों, नीतियों, और प्रथाओं में विविधता और समावेशन को एकीकृत करना शामिल है।

भर्ती और नियुक्ति प्रथाएं विविधता को बढ़ावा देने में एक महत्वपूर्ण भूमिका निभाती हैं। संगठनों को विविध प्रतिभाओं को सक्रिय रूप से तलाशना और आकर्षित करना चाहिए, यह सुनिश्चित करते हुए कि उनकी भर्ती प्रक्रियाएं निष्पक्ष, पारदर्शी और पक्षपात से मुक्त हों। इसमें भर्ती चैनलों का विस्तार करना, विविध संगठनों के साथ साझेदारी करना, और ब्लाइंड रेज्यूमे समीक्षा को लागू करना शामिल हो सकता है। इसका यह भी अर्थ है कि साक्षात्कार पैनल विविध हों और उम्मीदवारों का मूल्यांकन उनकी योग्यताओं और संभावनाओं के आधार पर निष्पक्षता से किया जाए।

एक बार कर्मचारियों को नियुक्त कर लेने के बाद, उन्हें फलने-फूलने के लिए संसाधन और समर्थन प्रदान करना आवश्यक है। इसमें अनजाने पक्षपात, सांस्कृतिक क्षमता, और समावेशी संवाद पर प्रशिक्षण शामिल है। इसका यह भी अर्थ है कि कर्मचारियों के संसाधन समूह (ERGs) बनाना, जहां अल्पसंख्यक समूहों के कर्मचारी जुड़ सकते हैं, अनुभव साझा कर सकते हैं, और अपनी ज़रूरतों की वकालत कर सकते हैं। इसके अतिरिक्त, मार्गदर्शन और समर्थन कार्यक्रम

विविध कर्मचारियों को कार्यस्थल में नेविगेट करने, संबंध बनाने, और उन्नति के अवसरों तक पहुँचने में मदद कर सकते हैं।

समावेशन की संस्कृति का निर्माण निरंतर प्रयास और ध्यान देने की मांग करता है। संगठनों को खुले संवाद के लिए सुरक्षित स्थान बनाना चाहिए और कर्मचारियों को अपने दृष्टिकोण और अनुभव साझा करने के लिए प्रोत्साहित करना चाहिए। उन्हें माइक्रोएग्रेसन से भी निपटना चाहिए, जो सूक्ष्म लेकिन हानिकारक टिप्पणियाँ या व्यवहार हो सकते हैं, जो अल्पसंख्यक समूहों के कर्मचारियों को हाशिये पर या बाहर महसूस करा सकते हैं। समावेशन की संस्कृति बनाकर, संगठन एक समुदाय की भावना को बढ़ावा दे सकते हैं और कर्मचारियों को अपनी प्रामाणिकता के साथ काम करने के लिए सशक्त कर सकते हैं।

विविधता और समावेशन को बढ़ावा देना एक बार का प्रयास नहीं है; यह एक सतत यात्रा है। संगठनों को लगातार अपनी प्रगति का आकलन करना, सुधार के क्षेत्रों की पहचान करना, और अपनी रणनीतियों को आवश्यकतानुसार अनुकूलित करना चाहिए। इसमें विविधता मेट्रिक्स पर डेटा एकत्र करना और उनका विश्लेषण करना, कर्मचारियों के अनुभवों का आकलन करने के लिए सर्वेक्षण करना, और विविध हितधारकों से प्रतिक्रिया लेना शामिल हो सकता है। लगातार सीखने और विकसित होने के माध्यम से, संगठन एक ऐसा कार्यस्थल बना सकते हैं जो वास्तव में सभी स्तरों पर विविधता और समावेशन को अपनाता है।

अंत में, विविधता और समावेशन को बढ़ावा देना 21वीं सदी में सफलता की चाह रखने वाले किसी भी संगठन के लिए एक जटिल लेकिन आवश्यक प्रयास है। यह नेतृत्व की प्रतिबद्धता, इरादतन भर्ती और नियुक्ति प्रथाओं, सतत प्रशिक्षण और विकास, समावेशन की संस्कृति, और निरंतर मूल्यांकन और सुधार की मांग करता है। विविधता और समावेशन को अपनाकर, संगठन अपने कार्यबल की पूरी क्षमता को अनलॉक कर सकते हैं, नवाचार को प्रेरित कर सकते हैं, और सभी के लिए एक अधिक न्यायसंगत और संतोषजनक कार्यस्थल बना सकते हैं। याद रखें, विविधता केवल एक चर्चा का विषय नहीं है; यह एक व्यावसायिक अनिवार्यता है, जो बड़ी सफलता, नवाचार, और सामाजिक प्रभाव की ओर ले जा सकती है।

विविधता एक ताकत है, कमजोरी नहीं। मानव भिन्नताओं की समृद्धता को अपनाएं, समावेशन की संस्कृति को बढ़ावा दें, और ऐसा कार्यस्थल बनाएं जहां हर व्यक्ति को मूल्यवान, सम्मानित, और अपनी अनूठी प्रतिभाओं को योगदान देने के लिए सशक्त महसूस हो।

16

बदलते कार्य परिदृश्य में सफलता

आधुनिक कार्य परिदृश्य एक गतिशील और लगातार बदलने वाला वातावरण है, जो तीव्र तकनीकी प्रगति, बदलती आर्थिक स्थितियों, और विकसित होते कार्यबल जनसांख्यिकी से परिभाषित होता है। इस बदलते परिदृश्य में सफल होने की चाह रखने वाली महिलाओं के लिए, फुर्ती, अनुकूलता, और विकास मानसिकता को अपनाना आवश्यक है। इसका मतलब केवल नवीनतम रुझानों और तकनीकों के साथ बने रहना ही नहीं, बल्कि कार्य के भविष्य को आकार देने वाले कारकों की गहरी समझ विकसित करना और खुद को सफलता के लिए सक्रिय रूप से तैयार करना भी है।

कार्य परिदृश्य में सबसे महत्वपूर्ण बदलावों में से एक स्वचालन और कृत्रिम बुद्धिमत्ता (AI) का उदय है। जबकि ये तकनीकें प्रक्रियाओं को सुव्यवस्थित करने और दक्षता बढ़ाने की क्षमता रखती हैं, वे नौकरी छूटने और नए कौशल सीखने की आवश्यकता के बारे में चिंताएँ भी बढ़ाती हैं। इस वातावरण में सफल होने के लिए, महिलाओं को आजीवन सीखने को अपनाना होगा और प्रासंगिक और प्रतिस्पर्धी बने रहने के लिए अपने कौशल और ज्ञान को लगातार अपडेट करना होगा। इसमें अतिरिक्त प्रमाणपत्र प्राप्त करना, कार्यशालाओं और सम्मेलनों में भाग लेना, या पूरी तरह से नए करियर रास्तों का पता लगाना शामिल हो सकता है।

कार्य परिदृश्य को आकार देने वाला एक और बड़ा रुझान गिग अर्थव्यवस्था है।

तेजी से, कर्मचारी पारंपरिक पूर्णकालिक रोजगार की बजाय फ्रीलांस, अनुबंध, या प्रोजेक्ट-आधारित काम को अपना रहे हैं। यह बदलाव लचीलापन और स्वायत्तता प्रदान करता है लेकिन इसके लिए एक अलग प्रकार के कौशल और रणनीतियों की आवश्यकता होती है। गिग अर्थव्यवस्था में सफल होने के लिए, महिलाओं को एक मजबूत व्यक्तिगत ब्रांड बनाना होगा, ग्राहकों और सहयोगियों के एक विविध नेटवर्क का पोषण करना होगा, और प्रभावी समय प्रबंधन और आत्म-मार्केटिंग कौशल विकसित करना होगा।

दूरस्थ कार्य कई पेशेवरों के लिए सामान्य हो गया है, जिसे वैश्विक महामारी ने और तेज कर दिया। जबकि दूरस्थ कार्य कई लाभ प्रदान करता है, जैसे लचीलापन और आवागमन के समय में कमी, यह अलगाव, संचार बाधाओं, और काम और व्यक्तिगत जीवन के बीच सीमाओं के धुंधलेपन जैसी अनूठी चुनौतियाँ भी प्रस्तुत करता है। दूरस्थ कार्य वातावरण में सफल होने के लिए, महिलाओं को स्पष्ट सीमाएँ स्थापित करनी होंगी, एक समर्पित कार्यक्षेत्र बनाना होगा, संचार और सहयोग को प्राथमिकता देनी होगी, और सामाजिक संपर्क और संबंध के अवसरों की सक्रिय रूप से तलाश करनी होगी।

विविधता और समावेशन को अब संगठनात्मक सफलता के लिए आवश्यक माना जाता है। कंपनियाँ सक्रिय रूप से ऐसी विविध टीमों का निर्माण करना चाहती हैं जो वे जिन समुदायों की सेवा करती हैं, उनका प्रतिनिधित्व करती हैं और अधिक व्यापक दृष्टिकोण और अनुभव लाती हैं। महिलाओं के लिए, यह उनके अनूठे दृष्टिकोणों और ताकतों का लाभ उठाने, नवाचार को प्रेरित करने, जटिल समस्याओं को हल करने, और एक सार्थक प्रभाव डालने का अवसर प्रस्तुत करता है। विविधता को अपनाकर और समावेशन को बढ़ावा देकर, महिलाएँ सभी के लिए एक अधिक न्यायसंगत और संतोषजनक कार्यस्थल बना सकती हैं।

बदलते कार्य परिदृश्य में सॉफ्ट स्किल्स पर अधिक जोर देने की भी आवश्यकता है, जैसे संचार, सहयोग, समस्या-समाधान, और अनुकूलता। जैसे-जैसे स्वचालन नियमित कार्यों को अपने कब्जे में लेता है, मनुष्यों को अधिक जटिल और रचनात्मक प्रयासों पर ध्यान केंद्रित करना होगा। जिन महिलाओं में मजबूत सॉफ्ट स्किल्स होती हैं, वे इस नए वातावरण में सफल होने के लिए बेहतर स्थिति में होती हैं, क्योंकि वे अंतर-व्यक्तिगत संबंधों को प्रभावी ढंग से नेविगेट कर

सकती हैं, विविध टीमों के साथ सहयोग कर सकती हैं, और बदलती परिस्थितियों के साथ अनुकूल हो सकती हैं।

बदलते कार्य परिदृश्य में सफल होने के लिए करियर प्रबंधन के प्रति सक्रिय दृष्टिकोण की भी आवश्यकता होती है। इसमें स्पष्ट लक्ष्य निर्धारित करना, नियमित रूप से अपने कौशल और ज्ञान का आकलन करना, मार्गदर्शन और प्रायोजन के अवसरों की तलाश करना, और एक मजबूत व्यक्तिगत ब्रांड बनाना शामिल है। इसका मतलब नए अवसरों के लिए खुले रहना, परिवर्तन को अपनाना, और लगातार सीखना और बढ़ना भी है।

अंत में, बदलता कार्य परिदृश्य महिलाओं के लिए चुनौतियाँ और अवसर दोनों प्रस्तुत करता है। फुर्ती, अनुकूलता, और विकास मानसिकता को अपनाकर, महिलाएँ इन परिवर्तनों को आत्मविश्वास के साथ नेविगेट कर सकती हैं और खुद को सफलता के लिए तैयार कर सकती हैं। इसका मतलब लगातार सीखने और कौशल बढ़ाने, दूरस्थ कार्य और गिग अर्थव्यवस्था जैसे नए कार्य मॉडलों को अपनाने, विविधता और समावेशन को बढ़ावा देने, मजबूत सॉफ्ट स्किल्स विकसित करने, और करियर प्रबंधन के लिए एक सक्रिय दृष्टिकोण अपनाने से है। काम के भविष्य को अपनाकर, महिलाएँ न केवल जीवित रह सकती हैं, बल्कि इस गतिशील और हमेशा विकसित होने वाले परिदृश्य में फल-फूल सकती हैं। याद रखें, जीवन में एकमात्र स्थिर चीज़ परिवर्तन है, और जो इसे अपनाते हैं, वे ही कल के कार्यस्थल में नेतृत्व करेंगे।

तनाव जीवन का एक हिस्सा है, लेकिन इसे आपको नियंत्रित करने की आवश्यकता नहीं है। स्वस्थ मुकाबला करने के तंत्र विकसित करें, अपने समय का प्रभावी ढंग से प्रबंधन करें, आत्म-देखभाल को प्राथमिकता दें, और एक स्वस्थ कार्य-जीवन संतुलन बनाएँ।

෴

17

कार्यस्थल के तनाव का प्रबंधन

कार्यस्थल का तनाव आधुनिक व्यावसायिक परिदृश्य में एक सर्वव्यापी वास्तविकता है। समय-सीमाओं, प्रदर्शन की अपेक्षाओं, पारस्परिक संबंधों, और परिवर्तन के लिए निरंतर अनुकूलन की आवश्यकता, सबसे अधिक लचीले व्यक्तियों पर भी भारी पड़ सकती है। महिलाओं के लिए, जो अक्सर कई भूमिकाओं और जिम्मेदारियों को संभालती हैं, कार्यस्थल के तनाव को प्रबंधित करना, भलाई, उत्पादकता, और समग्र करियर सफलता बनाए रखने के लिए अत्यंत महत्वपूर्ण है।

तनाव के लक्षणों को पहचानना प्रभावी प्रबंधन की ओर पहला कदम है। तनाव अलग-अलग व्यक्तियों में अलग तरह से प्रकट होता है, लेकिन सामान्य लक्षणों में चिड़चिड़ापन, ध्यान केंद्रित करने में कठिनाई, नींद की समस्याएं, भूख में बदलाव, थकान, और सिरदर्द या पेट दर्द जैसे शारीरिक कष्ट शामिल हैं। इन संकेतों पर ध्यान देना और उन्हें समय पर संबोधित करना आवश्यक है, इससे पहले कि वे अधिक गंभीर स्वास्थ्य समस्याओं में बदल जाएं।

स्वस्थ मुकाबला करने के तंत्र विकसित करना कार्यस्थल के तनाव को प्रबंधित करने की कुंजी है। इसमें नियमित व्यायाम शामिल हो सकता है, जो एंडोर्फिन को रिलीज करता है और तनाव हार्मोन को कम करता है। माइंडफुलनेस प्रथाएँ, जैसे ध्यान या योग, मन को शांत करने, चिंता को कम करने, और ध्यान केंद्रित

करने में मदद कर सकती हैं। प्रकृति में समय बिताना मानसिक और शारीरिक भलाई पर पुनर्स्थापनात्मक प्रभाव डालता है। पर्याप्त नींद, संतुलित आहार, और हाइड्रेटेड रहना भी ऊर्जा के स्तर को बनाए रखने और तनाव को प्रबंधित करने के लिए आवश्यक है।

समय प्रबंधन कार्यस्थल के तनाव को कम करने में महत्वपूर्ण भूमिका निभाता है। कार्यों को प्राथमिकता दें, जिम्मेदारियों को सौंपें, और अत्यधिक प्रतिबद्धताओं से बचें। यथार्थवादी समय सीमाएँ तय करें और बड़े प्रोजेक्ट्स को छोटे, प्रबंधनीय कार्यों में विभाजित करें। उन अतिरिक्त जिम्मेदारियों के लिए 'ना' कहना सीखें, जो आपकी प्राथमिकताओं या मूल्यों से मेल नहीं खातीं। अपने समय का प्रभावी प्रबंधन करके, आप भारी महसूस करने से बच सकते हैं और अपने कार्यभार पर नियंत्रण बनाए रख सकते हैं।

एक मजबूत समर्थन नेटवर्क बनाना तनाव प्रबंधन के लिए आवश्यक है। अपने भरोसेमंद सहयोगियों, दोस्तों, या परिवार के सदस्यों के साथ अपनी चिंताओं और चुनौतियों को साझा करें। उनकी सलाह, प्रोत्साहन, और समर्थन प्राप्त करें। एक पेशेवर नेटवर्क या सहायता समूह में शामिल होना भी अनुभव साझा करने, अंतर्दृष्टि प्राप्त करने, और उन लोगों से जुड़ने के लिए एक सुरक्षित स्थान प्रदान कर सकता है, जो आपके सामने आने वाली अनूठी चुनौतियों को समझते हैं।

कार्य और निजी जीवन के बीच एक स्वस्थ संतुलन बनाना तनाव प्रबंधन के लिए अत्यंत आवश्यक है। अपने काम के बाहर ऐसी गतिविधियों के लिए समय निकालें, जो आपको खुशी और संतोष प्रदान करती हैं, जैसे शौक, प्रियजनों के साथ समय बिताना, या अपने समुदाय में स्वयंसेवा करना। काम और व्यक्तिगत जीवन के बीच सीमाओं को स्थापित करना भी आवश्यक है। इसमें व्यक्तिगत समय के दौरान काम से संबंधित तकनीक से अलग होना और आराम और पुनर्जीवन के लिए समर्पित समय बनाना शामिल हो सकता है।

अपनी भावनाओं का प्रबंधन करना तनाव प्रबंधन का एक और महत्वपूर्ण पहलू है। जब तनावपूर्ण स्थितियों का सामना करना पड़े, तो कुछ गहरी सांसें लें, पीछे हटें, और स्थिति का उद्देश्यपूर्ण मूल्यांकन करें। आवेगपूर्ण प्रतिक्रिया देने या जल्दबाजी में निर्णय लेने से बचें। इसके बजाय, अपनी भावनाओं को संसाधित

करने, आवश्यकता पड़ने पर सहायता प्राप्त करने, और स्थिति को शांत और तर्कसंगत तरीके से संबोधित करने के लिए समय निकालें।

स्वस्थ संवाद कौशल विकसित करना भी कार्यस्थल के तनाव को कम करने में मदद कर सकता है। अपनी ज़रूरतों और चिंताओं को स्पष्ट और आत्मविश्वासपूर्वक व्यक्त करना सीखें, बिना आक्रामक या टकरावपूर्ण हुए। दूसरों की बातों को सक्रिय रूप से सुनें, उनके दृष्टिकोण को समझने का प्रयास करें, और समाधान खोजने के लिए मिलकर काम करें। प्रभावी ढंग से संवाद करके, आप संघर्षों को हल कर सकते हैं, मजबूत रिश्ते बना सकते हैं, और एक अधिक सकारात्मक और सहायक कार्य वातावरण बना सकते हैं।

यथार्थवादी अपेक्षाएँ स्थापित करना तनाव प्रबंधन के लिए महत्वपूर्ण है। पूर्णता के लिए प्रयास न करें; इसके बजाय उत्कृष्टता के लिए प्रयास करें। यह पहचानें कि हर कोई गलतियाँ करता है, और यह ठीक है कि आपके पास हर सवाल का जवाब न हो। अपनी प्रगति पर ध्यान केंद्रित करें, अपनी सफलताओं का जश्न मनाएं, और अपनी चुनौतियों से सीखें। यथार्थवादी अपेक्षाएँ स्थापित करके, आप अपने ऊपर दबाव कम कर सकते हैं और एक अधिक सकारात्मक और सशक्त कार्य अनुभव बना सकते हैं।

पेशेवर मदद लेना कमजोरी का नहीं बल्कि ताकत का संकेत है। यदि आप कार्यस्थल के तनाव को स्वयं प्रबंधित करने में संघर्ष कर रहे हैं, तो एक चिकित्सक या काउंसलर से मदद लेने में संकोच न करें। वे आपको तनाव से निपटने, अपनी भावनाओं को प्रबंधित करने, और लचीलापन बनाने के लिए उपकरण और रणनीतियाँ प्रदान कर सकते हैं। वे आपके तनाव के मूल कारणों की पहचान करने और उन्हें दूर करने के लिए एक व्यक्तिगत योजना विकसित करने में भी आपकी मदद कर सकते हैं।

याद रखें, कार्यस्थल के तनाव का प्रबंधन एक सतत प्रक्रिया है, जिसके लिए निरंतर प्रयास और ध्यान देने की आवश्यकता होती है। यह स्वस्थ आदतें विकसित करने, एक सहायक नेटवर्क बनाने, सीमाएँ निर्धारित करने, अपने समय का प्रभावी प्रबंधन करने, और आवश्यकता पड़ने पर मदद लेने के बारे में है। अपनी भलाई को प्राथमिकता देकर और तनाव को प्रबंधित करने के लिए सक्रिय कदम

उठाकर, आप एक अधिक संतोषजनक और टिकाऊ कार्य जीवन बना सकते हैं।

करियर परिवर्तन विकास और नवीनीकरण के अवसर हैं। अपने लक्ष्यों को स्पष्ट करें, अपने कौशल का आकलन करें, एक मजबूत नेटवर्क बनाएं, और आत्मविश्वास और आशावाद के साथ परिवर्तन को अपनाएं।

෧෨

18

"आत्मविश्वास के साथ करियर परिवर्तन करना"

करियर परिवर्तन डराने वाले हो सकते हैं, जो अनिश्चितता और आत्म-संदेह से भरे होते हैं। हालांकि, ये विकास, नवीनीकरण, और नए जुनूनों की खोज के लिए रोमांचक अवसर भी प्रस्तुत करते हैं। महिलाओं के लिए, आत्मविश्वास के साथ करियर परिवर्तन करना एक रणनीतिक दृष्टिकोण, आत्म-विश्वास, और परिवर्तन को अपनाने की इच्छा की आवश्यकता होती है। यह अपने लक्ष्यों की पहचान करने, अपने कौशल का आकलन करने, एक मजबूत नेटवर्क बनाने, और एक संतोषजनक और पुरस्कृत करियर पथ की ओर साहसिक कदम उठाने के बारे में है।

सफल करियर परिवर्तन का पहला कदम अपनी प्रेरणाओं और लक्ष्यों को स्पष्ट करना है। आप बदलाव पर विचार क्यों कर रही हैं? आप क्या हासिल करना चाहती हैं? आपके जुनून और रुचियां क्या हैं? आप किन कौशलों और अनुभवों का उपयोग करना चाहती हैं? अपनी प्रेरणाओं और लक्ष्यों को समझकर, आप अपने भविष्य के लिए एक स्पष्ट दृष्टि बना सकती हैं और अपने परिवर्तन के लिए एक रोडमैप तैयार कर सकती हैं।

अपने लक्ष्यों को स्पष्ट करने के बाद, अपने कौशल और अनुभव का आकलन करने का समय है। आपके पास कौन से ट्रांसफरेबल स्किल्स हैं जिन्हें किसी नए क्षेत्र या उद्योग में लागू किया जा सकता है? आपको कौन से अतिरिक्त कौशल या

ज्ञान प्राप्त करने की आवश्यकता है? अपनी ताकत, कमजोरियों, और विकास के क्षेत्रों का मूल्यांकन करें। ऑनलाइन पाठ्यक्रम लेने, कार्यशालाओं या सम्मेलनों में भाग लेने, या मार्गदर्शन प्राप्त करने पर विचार करें ताकि आप अपने कौशल को बढ़ा सकें और अपने परिवर्तन के लिए तैयार हो सकें।

नेटवर्किंग करियर परिवर्तन का एक महत्वपूर्ण हिस्सा है। अपने मौजूदा सहयोगियों, दोस्तों, और मार्गदर्शकों के नेटवर्क से संपर्क करें, उन्हें अपने करियर लक्ष्यों के बारे में सूचित करें और उनकी सलाह और समर्थन लें। उद्योग कार्यक्रमों, सम्मेलनों, और कार्यशालाओं में भाग लें ताकि नए लोगों से मिल सकें और विभिन्न करियर पथों के बारे में जान सकें। लिंक्डइन जैसे ऑनलाइन प्लेटफॉर्म का उपयोग करें ताकि आप अपने इच्छित क्षेत्र के पेशेवरों से जुड़ सकें और नौकरी के अवसरों के बारे में जान सकें।

एक मजबूत व्यक्तिगत ब्रांड बनाना सफल करियर परिवर्तन के लिए आवश्यक है। आपका व्यक्तिगत ब्रांड आपकी विशिष्ट मूल्य प्रस्तावना है, जो कौशल, अनुभव, और व्यक्तित्व का मेल है जो आपको दूसरों से अलग बनाता है। एक स्पष्ट और आकर्षक ब्रांड संदेश विकसित करें जो आपकी विशेषज्ञता और जुनून को संप्रेषित करता हो। अपने रिज्यूमे और ऑनलाइन प्रोफाइल को अपने नए करियर लक्ष्यों के अनुरूप अपडेट करें। सोशल मीडिया पर सक्रिय रहें, अपनी अंतर्दृष्टि और विशेषज्ञता साझा करें ताकि आप अपनी प्रतिष्ठा बना सकें और अवसरों को आकर्षित कर सकें।

इंटरव्यू की तैयारी करियर परिवर्तन प्रक्रिया का एक महत्वपूर्ण कदम है। कंपनी और पद के बारे में गहन शोध करें। सामान्य इंटरव्यू सवालों के उत्तर देने का अभ्यास करें और साक्षात्कारकर्ता से पूछने के लिए विचारशील प्रश्न तैयार करें। अपने ट्रांसफरेबल स्किल्स और अनुभव को उजागर करें और नए क्षेत्र के प्रति अपने जुनून और उत्साह का प्रदर्शन करें। अपनी क्षमताओं में आत्मविश्वासी रहें और अपने मूल्य प्रस्ताव को स्पष्ट और संक्षेप में प्रस्तुत करें।

डर और आत्म-संदेह को दूर करना करियर परिवर्तन के दौरान एक सामान्य चुनौती है। अपने आराम क्षेत्र से बाहर कदम रखने के बारे में अनिश्चित और चिंतित महसूस करना स्वाभाविक है। हालांकि, यह याद रखना महत्वपूर्ण है कि

परिवर्तन जीवन का एक स्वाभाविक हिस्सा है और विकास अक्सर हमारे आराम क्षेत्र के बाहर होता है। नकारात्मक विचारों को चुनौती दें और उन्हें सकारात्मक पुष्टि के साथ बदलें। अपनी ताकत पर ध्यान केंद्रित करें, अपनी उपलब्धियों का जश्न मनाएं, और अपनी सफलता की क्षमता में विश्वास करें।

परिवर्तन को अपनाना सफल करियर परिवर्तन के लिए एक प्रमुख मानसिकता है। आधुनिक कार्यस्थल लगातार विकसित हो रहा है, और परिवर्तन के अनुकूल होने की क्षमता तेजी से महत्वपूर्ण हो रही है। नए विचारों के लिए खुले रहें, चुनौतियों को विकास के अवसरों के रूप में अपनाएं, और अपने आराम क्षेत्र से बाहर कदम रखने के लिए तैयार रहें। परिवर्तन को अपनाकर, आप आत्मविश्वास और लचीलापन के साथ बदलाव को नेविगेट कर सकती हैं।

याद रखें, करियर परिवर्तन एक यात्रा है, मंजिल नहीं। इसमें समय, प्रयास, और सीखने और बढ़ने की इच्छा की आवश्यकता होती है। अपने प्रति धैर्य रखें, अपनी प्रगति का जश्न मनाएं, और जब ज़रूरत हो तो मदद मांगने से न डरें। एक स्पष्ट दृष्टि, एक मजबूत नेटवर्क, और एक सक्रिय दृष्टिकोण के साथ, आप आत्मविश्वास के साथ अपने करियर परिवर्तन को नेविगेट कर सकती हैं और अपने व्यावसायिक लक्ष्यों को प्राप्त कर सकती हैं।

सफलता एक यात्रा है, मंजिल नहीं। अपनी बड़ी और छोटी जीत का जश्न मनाएं, अपनी मेहनत को स्वीकार करें, और अपनी खुशी को दूसरों के साथ साझा करें।

ॐ

19

अपनी सफलताओं का जश्न मनाना

करियर में महारत हासिल करने की निरंतर दौड़ में, लक्ष्यों, समय-सीमाओं, और अधिक पाने की इच्छा में खो जाना आसान है। हालांकि, इस प्रक्रिया के बीच, अपनी सफलताओं का जश्न मनाने का महत्व अक्सर अनदेखा रह जाता है। अपनी उपलब्धियों, चाहे बड़ी हों या छोटी, को पहचानना और उनकी सराहना करना केवल आत्म-प्रशंसा नहीं है; यह एक सकारात्मक मानसिकता विकसित करने, प्रेरणा बनाए रखने, और निरंतर विकास के लिए अपनी ऊर्जा को बढ़ाने का एक महत्वपूर्ण पहलू है।

सफलता का जश्न मनाना इसकी कई रूपों को पहचानने से शुरू होता है। यह केवल बड़ी उपलब्धियों, जैसे प्रमोशन प्राप्त करना, किसी बड़े सौदे को पूरा करना, या पुरस्कार प्राप्त करना तक ही सीमित नहीं है। सफलता हर रोज की जीत में, छोटे कदमों में, पार की गई चुनौतियों में, और सीखे गए पाठों में भी होती है। यह उस मेहनत, समर्पण, और दृढ़ता को स्वीकार करने के बारे में है, जो आपने अपने काम में लगाई, भले ही परिणाम तुरंत स्पष्ट न हों।

सफलता का जश्न मनाना घमंड करने या बाहरी मान्यता पाने के बारे में नहीं है। यह अपनी कड़ी मेहनत को स्वीकार करने और अपनी प्रगति की सराहना करने के बारे में है। यह उस मूल्य को पहचानने के बारे में है, जो आप अपनी टीम, अपने संगठन, और अपने समुदाय में लाते हैं। अपनी सफलताओं का जश्न मनाकर,

आप अपने आत्म-मूल्य को मजबूत करते हैं, आत्मविश्वास बनाते हैं, और एक सकारात्मक आत्म-छवि को विकसित करते हैं।

जश्न मनाने का तरीका कई रूप ले सकता है। यह अपनी उपलब्धियों पर चिंतन करने के लिए एक क्षण निकालने, अपनी जीतों को एक डायरी में लिखने, या किसी विश्वसनीय दोस्त या सहयोगी के साथ अपनी सफलता साझा करने जितना सरल हो सकता है। यह एक विशेष भोजन का आनंद लेने, किसी शौक में शामिल होने, या एक अच्छी तरह से योग्य ब्रेक लेने जितना विशेष भी हो सकता है। मुख्य बात यह है कि ऐसे तरीके खोजें जो आपको खुशी दें और आपके साथ जुड़ें।

सफलता का जश्न मनाना न केवल आपके व्यक्तिगत कल्याण के लिए फायदेमंद है; बल्कि इसका आपके पेशेवर जीवन पर भी सकारात्मक प्रभाव पड़ता है। जब आप अपनी उपलब्धियों का जश्न मनाते हैं, तो आप एक सकारात्मक फीडबैक लूप बनाते हैं, जो आपकी प्रेरणा और ऊर्जा को बढ़ाता है। यह आपको आपकी क्षमताओं की याद दिलाता है, जो आपको नए लक्ष्यों को स्थापित करने और और भी बड़ी ऊंचाइयों तक पहुँचने की महत्वाकांक्षा देता है।

इसके अलावा, सफलता का जश्न मनाना दूसरों को प्रेरित और प्रोत्साहित कर सकता है। जब आप अपनी जीतों को अपने सहयोगियों, टीम के सदस्यों, या मार्गदर्शकों के साथ साझा करते हैं, तो आप एक सकारात्मक और सहायक कार्य वातावरण बनाते हैं। आप यह दिखाते हैं कि कड़ी मेहनत और समर्पण को महत्व दिया जाता है और पुरस्कृत किया जाता है, और आप दूसरों को उनके अपने लक्ष्यों के लिए प्रयास करने के लिए प्रेरित करते हैं।

सफलता का जश्न मनाना असफलताओं और निराशाओं को पार करने के लिए एक शक्तिशाली उपकरण भी हो सकता है। चुनौतियों या असफलताओं का सामना करते समय, यह महत्वपूर्ण है कि आप अपनी पिछली सफलताओं और बाधाओं को पार करने में प्रदर्शित की गई दृढ़ता को याद रखें। अपनी जीतों का जश्न मनाकर, आप खुद को याद दिलाते हैं कि आपके पास किसी भी चुनौती का सामना करने की ताकत और क्षमता है।

करियर में महारत हासिल करने के संदर्भ में, सफलता का जश्न मनाना केवल एक

अच्छा महसूस कराने वाली गतिविधि नहीं है; यह व्यक्तिगत और पेशेवर विकास के लिए एक रणनीतिक उपकरण है। यह आपको प्रेरित, केंद्रित, और प्रतिकूलता का सामना करने में लचीला बनाए रखने में मदद करता है। यह आपके संबंधों को मजबूत करता है, आपकी प्रतिष्ठा को बढ़ाता है, और आपके समग्र कल्याण को बढ़ाता है।

इसलिए, अपनी बड़ी और छोटी सफलताओं का जश्न मनाने के लिए समय निकालें। अपनी कड़ी मेहनत को स्वीकार करें, अपनी उपलब्धियों की सराहना करें, और अपनी खुशी को दूसरों के साथ साझा करें। जश्न की संस्कृति को अपनाकर, आप न केवल अपने जीवन को समृद्ध करेंगे, बल्कि अपने आसपास के लोगों को प्रेरित और सशक्त भी करेंगे। याद रखें, सफलता केवल अंतिम रेखा तक पहुँचने के बारे में नहीं है; यह यात्रा का आनंद लेने और रास्ते में मील के पत्थरों का जश्न मनाने के बारे में है।

दुनिया को आपकी अनूठी प्रतिभाओं, दृष्टिकोणों, और नेतृत्व की आवश्यकता है। चुनौतियों से ऊपर उठें, बाधाओं को तोड़ें, और ऐसी विरासत छोड़ें, जो दूसरों को प्रेरित और सशक्त बनाए।

20

नेतृत्व की विरासत छोड़ना"

नेतृत्व की विरासत छोड़ना केवल व्यक्तिगत सफलता प्राप्त करने के बारे में नहीं है, बल्कि दूसरों को उनकी पूरी क्षमता तक पहुँचने के लिए प्रेरित और सशक्त बनाने के बारे में है। यह अपने करियर से परे एक स्थायी प्रभाव बनाने के बारे में है, जो आपके संगठन, आपके समुदाय, और उन लोगों के जीवन पर छाप छोड़ता है, जिनसे आप जुड़े हैं। महिलाओं के लिए, जिन्होंने ऐतिहासिक रूप से नेतृत्व भूमिकाओं में बाधाओं का सामना किया है, नेतृत्व की विरासत छोड़ना भविष्य की पीढ़ियों के लिए मार्ग प्रशस्त करने और एक अधिक न्यायसंगत और समावेशी कार्यस्थल बनाने का एक शक्तिशाली तरीका है।

नेतृत्व की विरासत का निर्माण व्यक्तिगत और व्यावसायिक विकास के प्रति प्रतिबद्धता से शुरू होता है। नेता जीवनभर सीखने वाले होते हैं, जो लगातार नए ज्ञान, कौशल, और दृष्टिकोण की खोज करते हैं। वे चुनौतियों को विकास के अवसर के रूप में अपनाते हैं, दूसरों से प्रतिक्रिया प्राप्त करते हैं, और अपनी गलतियों को स्वीकारने से नहीं डरते। अपने विकास में निवेश करके, नेता दूसरों के लिए अनुसरण करने के लिए एक उदाहरण स्थापित करते हैं और निरंतर सीखने और सुधार की संस्कृति को बढ़ावा देते हैं।

प्रभावी नेतृत्व मजबूत मूल्यों और नैतिकता में निहित होता है। नेता ईमानदारी, पारदर्शिता और सत्यनिष्ठा के साथ कार्य करते हैं। वे अपने कर्मचारियों, ग्राहकों,

और साझेदारों के साथ सम्मान और निष्पक्षता से पेश आते हैं। वे अपनी टीमों की भलाई को प्राथमिकता देते हैं, एक सुरक्षित और समावेशी कार्य वातावरण बनाते हैं, और नैतिक व्यावसायिक प्रथाओं को बढ़ावा देते हैं। इन मूल्यों को अपनाकर, नेता विश्वास और साख का निर्माण करते हैं, जिससे दूसरों को उनके मार्गदर्शन का अनुसरण करने के लिए प्रेरणा मिलती है।

एक सकारात्मक और सहायक कार्य वातावरण बनाना नेतृत्व की विरासत छोड़ने के लिए आवश्यक है। नेता सहयोग, नवाचार, और परस्पर सम्मान की संस्कृति को बढ़ावा देते हैं। वे अपनी टीमों को उनके काम की जिम्मेदारी लेने के लिए सशक्त बनाते हैं, सफलताओं का जश्न मनाते हैं, और असफलताओं से सीखते हैं। वे विकास और विकास के अवसर बनाते हैं, दूसरों को उनकी पूरी क्षमता तक पहुँचने में मदद करने के लिए मार्गदर्शन और समर्थन प्रदान करते हैं।

भविष्य के नेताओं का विकास एक स्थायी विरासत का प्रतीक है। नेता अपनी संगठनों में प्रतिभा की पहचान और पोषण में समय और संसाधन लगाते हैं। वे परामर्श, कोचिंग, और नेतृत्व विकास कार्यक्रमों के अवसर प्रदान करते हैं। वे उभरते नेताओं को चुनौतीपूर्ण कार्य सौंपने के लिए सशक्त बनाते हैं और उनकी सफलता के लिए आवश्यक समर्थन और मार्गदर्शन प्रदान करते हैं। अगली पीढ़ी के नेताओं को विकसित करके, वे सुनिश्चित करते हैं कि उनकी विरासत उनके जाने के बाद भी जीवित रहे।

समुदाय को वापस देना नेतृत्व की विरासत छोड़ने का एक और महत्वपूर्ण पहलू है। नेता पहचानते हैं कि उनकी सफलता केवल उनकी नहीं है, बल्कि दूसरों के समर्थन और संसाधनों का परिणाम भी है। वे अपने समुदायों में योगदान देने के तरीके सक्रिय रूप से खोजते हैं, चाहे वह स्वयंसेवा, मार्गदर्शन, या परोपकारी प्रयासों के माध्यम से हो। व्यापक भलाई में योगदान देकर, नेता दूसरों को भी ऐसा करने के लिए प्रेरित करते हैं, सकारात्मक प्रभाव की एक श्रृंखला प्रतिक्रिया उत्पन्न करते हैं।

परिवर्तन की वकालत करना एक स्थायी विरासत छोड़ने का एक शक्तिशाली तरीका है। नेता यथास्थिति को चुनौती देने, अन्याय के खिलाफ आवाज उठाने, और एक अधिक न्यायसंगत और समावेशी कार्यस्थल के लिए वकालत करने

से नहीं डरते। वे अपनी प्रभाव और मंच का उपयोग विविधता, समानता, और समावेशन को बढ़ावा देने के लिए करते हैं, यह सुनिश्चित करते हुए कि हर किसी की आवाज सुनी जाए और हर किसी को निर्णय लेने की प्रक्रिया में शामिल किया जाए। परिवर्तन की वकालत करके, नेता भविष्य की पीढ़ियों के लिए मार्ग प्रशस्त करते हैं और एक अधिक न्यायपूर्ण और समान समाज बनाते हैं।

नेतृत्व की विरासत बनाना एक एकल प्रयास नहीं है। इसके लिए सहयोग, टीमवर्क, और दूसरों का समर्थन आवश्यक है। नेता पहचानते हैं कि वे एक बड़े पारिस्थितिकी तंत्र का हिस्सा हैं, और वे अपने लक्ष्यों को प्राप्त करने के लिए साझेदारी और गठबंधन सक्रिय रूप से खोजते हैं। वे अपने सहयोगियों, मार्गदर्शकों, और प्रायोजकों के साथ मजबूत संबंध बनाते हैं, सामूहिक विशेषज्ञता और प्रभाव का लाभ उठाकर एक स्थायी प्रभाव उत्पन्न करते हैं।

नेतृत्व की विरासत छोड़ना एक जीवनभर की यात्रा है। यह एक नेता के रूप में लगातार सीखने, बढ़ने, और विकसित होने के बारे में है। यह आपके मूल्यों के प्रति सच्चे रहने, दूसरों को उनकी पूरी क्षमता तक पहुँचने के लिए प्रेरित करने, और दुनिया पर एक सकारात्मक प्रभाव बनाने के बारे में है। इन सिद्धांतों को अपनाकर, आप ऐसी विरासत छोड़ सकते हैं, जो आपके जाने के बाद भी दूसरों को प्रेरित और सशक्त करती रहे। याद रखें, नेतृत्व केवल आपके द्वारा हासिल की गई उपलब्धियों के बारे में नहीं है; यह इस बारे में है कि आप कौन बने और आपने दूसरों के जीवन पर क्या प्रभाव डाला।

आपका करियर एक मैराथन है, दौड़ नहीं। अपनी गति बनाए रखें, अपनी भलाई को प्राथमिकता दें, और एक स्थायी दृष्टिकोण विकसित करें, जो आपको व्यक्तिगत और व्यावसायिक दोनों रूप से फलने-फूलने की अनुमति देता है।

21

"सारांश"

"राइजिंग एबव एंड राइजिंग विद ग्रेस: ए वूमन'स रोडमैप टू करियर मास्टरी" एक व्यापक मार्गदर्शिका है, जो महिलाओं को पेशेवर दुनिया की जटिलताओं को नेविगेट करने में मदद करती है। यह पुस्तक उन आवश्यक कौशलों, रणनीतियों, और मानसिकता परिवर्तनों को समझाती है, जो महिलाओं को उनकी पूरी क्षमता तक पहुँचने और सफलता की स्थायी विरासत बनाने के लिए आवश्यक हैं।

यह यात्रा आत्म-खोज से शुरू होती है, जिसमें अपने मूल्यों, जुनूनों, और ताकतों की पहचान करना शामिल है। यह आपकी अनूठी क्षमताओं को पहचानने और सीमित करने वाले विश्वासों से उबरने के लिए आत्म-विश्वास विकसित करने के बारे में है। निरंतर सीखने और विकास, और एक सहायक वातावरण का निर्माण, आपकी पूरी क्षमता को अनलॉक करने और एक संतोषजनक करियर पथ बनाने के लिए महत्वपूर्ण हैं।

आत्मविश्वास का निर्माण एक और महत्वपूर्ण पहलू है। यह आत्म-जागरूकता, आत्म-सहानुभूति, और सकारात्मक आत्म-चर्चा की यात्रा है। लक्ष्यों को निर्धारित करना, अपने आराम क्षेत्र से बाहर निकलना, और सकारात्मक और सहायक लोगों से घिरे रहना एक अडिग आत्मविश्वास विकसित करने के लिए आवश्यक हैं, जो आपके सपनों को पूरा करने और चुनौतियों को पार करने में आपकी मदद करेगा।

सशक्त करियर लक्ष्यों को स्थापित करना सफलता का एक रोडमैप प्रदान करता है। यह आपकी आकांक्षाओं को स्पष्ट करने, उन्हें विशिष्ट, मापने योग्य, प्राप्त

करने योग्य, प्रासंगिक, और समयबद्ध (SMART) लक्ष्यों में अनुवाद करने, और उन्हें प्राप्त करने के लिए एक योजना बनाने के बारे में है। लचीलापन, विज़ुअलाइज़ेशन, उत्तरदायित्व, और नियमित समीक्षा आपको सही राह पर बनाए रखने और बदलते पेशेवर परिदृश्य में अनुकूल होने में मदद करते हैं।

कार्यस्थल की जटिलताओं को नेविगेट करने के लिए भावनात्मक बुद्धिमत्ता, प्रभावी संचार, और पेशेवर संबंधों के अनकहे नियमों की समझ आवश्यक है। सहयोगियों, प्रबंधकों, और हितधारकों के साथ मजबूत संबंध बनाना, रचनात्मक रूप से विवादों को हल करना, और ऑफिस राजनीति को समझना इन जटिलताओं को कुशलता से नेविगेट करने के लिए महत्वपूर्ण कौशल हैं।

नेटवर्किंग की कला में महारत हासिल करना करियर उन्नति का एक और महत्वपूर्ण पहलू है। यह प्रामाणिक कनेक्शन बनाने, पारस्परिक समर्थन को बढ़ावा देने, और समान विचारधारा वाले पेशेवरों के समुदाय का निर्माण करने के बारे में है। नेटवर्किंग नए अवसरों के द्वार खोलती है, मूल्यवान जानकारी और संसाधनों तक पहुँच प्रदान करती है, और जीवन भर की मित्रता और सहयोग को जन्म दे सकती है।

प्रभाव और प्रभावशाली संवाद कौशल विकसित करना उद्योगों, भूमिकाओं, और पदानुक्रमों से परे है। यह स्पष्टता, कहानी कहने, गैर-मौखिक संवाद, सक्रिय सुनवाई, संक्षिप्तता, अनुनय, अनुकूलता, संबंध निर्माण, और निरंतर सीखने को शामिल करता है। इन तत्वों में महारत हासिल करके, आप अपने संवाद को एक शक्तिशाली उपकरण में बदल सकते हैं, जो कार्रवाई को प्रेरित करता है, परिवर्तन को आगे बढ़ाता है, और आपके लक्ष्यों को प्राप्त करता है।

नेतृत्व कौशल विकसित करना उन महिलाओं के लिए आवश्यक है, जो बाधाओं को तोड़ने और करियर में महारत हासिल करने की आकांक्षा रखती हैं। यह दूसरों को प्रेरित और प्रोत्साहित करने, प्रभावी ढंग से संवाद करने, मजबूत संबंध बनाने, उचित निर्णय लेने, रचनात्मक रूप से समस्याओं को हल करने, परिवर्तन के लिए अनुकूल होने, लचीलापन प्रदर्शित करने, और ईमानदारी और नैतिकता के साथ नेतृत्व करने के बारे में है।

अपनी योग्यता के लिए बातचीत करना एक महत्वपूर्ण कौशल है, जो आपके करियर की प्रगति और वित्तीय कल्याण को प्रभावित कर सकता है। यह अपने लिए वकालत करने, अपनी मूल्य को पहचानने, और यह सुनिश्चित करने के बारे में है कि आपके योगदान के लिए आपको उचित रूप से मुआवजा दिया जाए।

उद्योग मानकों का शोध करके, पूरी तैयारी करके, आत्मविश्वास का प्रदर्शन करके, और संवाद के लिए खुले रहकर, आप प्रभावी रूप से बातचीत कर सकते हैं और एक निष्पक्ष और समान परिणाम प्राप्त कर सकते हैं।

मार्गदर्शन और प्रायोजन ढूँढ़ना आपके करियर यात्रा को नेविगेट करते समय अमूल्य मार्गदर्शन, समर्थन, और वकालत प्रदान कर सकता है। मार्गदर्शक सलाह देते हैं, अपने अनुभव साझा करते हैं, और आपको चुनौतियों को नेविगेट करने में मदद करते हैं, जबकि प्रायोजक सक्रिय रूप से आपके उन्नति के लिए वकालत करते हैं और नए अवसरों के द्वार खोलते हैं।

इन संबंधों की तलाश करके और उनका पोषण करके, आप अपने करियर के विकास को तेज कर सकते हैं और अपनी पूरी क्षमता को प्राप्त कर सकते हैं।

एक मजबूत व्यक्तिगत ब्रांड बनाना प्रतिस्पर्धी पेशेवर परिदृश्य में खुद को अलग दिखाने के लिए आवश्यक है। यह आपकी अनूठी मूल्य प्रस्तावना को परिभाषित करने, एक आकर्षक ब्रांड संदेश तैयार करने, और आपके ऑनलाइन उपस्थिति, सामग्री निर्माण, और पेशेवर इंटरैक्शन के माध्यम से लगातार अपने ब्रांड को अपनाने के बारे में है।

एक मजबूत व्यक्तिगत ब्रांड बनाकर, आप अपनी साख को बढ़ा सकते हैं, अवसरों को आकर्षित कर सकते हैं, और अधिक दृश्यता और मान्यता प्राप्त कर सकते हैं।

करियर और व्यक्तिगत जीवन के बीच एक स्वस्थ संतुलन प्राप्त करना समग्र भलाई और दीर्घकालिक सफलता के लिए आवश्यक है। यह आपके लिए संतुलन का क्या अर्थ है, इसे फिर से परिभाषित करने, सीमाएँ स्थापित करने, अपने समय का प्रभावी प्रबंधन करने, आत्म-देखभाल को प्राथमिकता देने, लचीलापन अपनाने, अपने प्रियजनों और सहयोगियों के साथ खुले तौर पर संवाद करने, मदद

माँगने, और यथार्थवादी अपेक्षाएँ स्थापित करने के बारे में है।

अपने काम और व्यक्तिगत जीवन को इस तरह से एकीकृत करके, जो संतोषजनक और टिकाऊ लगता है, आप एक सामंजस्यपूर्ण और पुरस्कृत जीवन बना सकते हैं।

"राइजिंग एबव एंड राइजिंग विद ग्रेस" उन महिलाओं के लिए एक व्यापक रोडमैप प्रदान करता है, जो करियर में महारत हासिल करना चाहती हैं। इन सिद्धांतों, रणनीतियों, और मानसिकता परिवर्तनों को अपनाकर, आप अपनी पूरी क्षमता को अनलॉक कर सकती हैं, चुनौतियों को पार कर सकती हैं, और एक संतोषजनक और प्रभावशाली करियर बना सकती हैं, जो नेतृत्व की एक स्थायी विरासत छोड़ता है।

उद्धरण और संदर्भ

यह पुस्तक व्यापक अनुसंधान और सूक्ष्म विश्लेषण का परिणाम है, जिसमें विभिन्न स्रोतों जैसे अनेक पुस्तकों, विद्वानों के अध्ययन और व्यक्तिगत अनुभवों को सम्मिलित किया गया है। इसके अतिरिक्त, मैंने इस कार्य को संकलित करने के लिए प्रासंगिक जानकारी और आंकड़े जुटाने हेतु विभिन्न वेबसाइटों की भी खोज की है। मैंने प्रस्तुत जानकारी की सटीकता सुनिश्चित करने के लिए हर संभव प्रयास किया है और सभी स्रोतों का विधिपूर्वक उल्लेख किया है ताकि उनके योगदान को सम्मानित किया जा सके।

इन प्रयासों के बावजूद, अनजाने में त्रुटियाँ होने की संभावना बनी रहती है। मैं अपने पाठकों के विचारों को अत्यधिक महत्व देता हूँ और किसी भी ऐसी त्रुटि की पहचान करने और उसे सुधारने के लिए आपके फीडबैक का स्वागत करता हूँ। मैं आपसे आग्रह करता हूँ कि किसी भी प्रकार की विसंगतियों को मेरी जानकारी में लाएँ।

आपका फीडबैक न केवल स्वागत योग्य है बल्कि अत्यावश्यक भी है, क्योंकि यह वर्तमान संस्करण में सुधार लाने और भविष्य के संस्करणों की सामग्री को और बेहतर बनाने में मदद करेगा। मैं अपनी कृतियों में उच्चतम स्तर की सटीकता और विश्वसनीयता बनाए रखने के प्रति प्रतिबद्ध हूँ और आपके समर्थन और समझ के लिए धन्यवाद देता हूँ।

इसके अतिरिक्त, मैं संविधान के अनुच्छेद 19(1)(क) के तहत गारंटीकृत अभिव्यक्ति की स्वतंत्रता के सिद्धांत का दृढ़ता से पालन करती हूँ और अपने सभी पाठकों के विविध दृष्टिकोणों और अभिव्यक्तियों का सम्मान करता हूँ।

Other Books Of The Author

1. Empowering Minds: A Journey into Women's Self-Discovery and Power
2. The Dynamics of Motivation: Catalyzing Thought into Action
3. Meditation and Mental Well Being: The Path to Inner Peace and Clarity
4. The Psychology of Child Education: Nurturing Future Generations
5. Ethical Enlightenment: A Modern Guide to Living with Integrity
6. Voices of Empowerment: Stories of Women Rising Against Odds
7. Social Psychology in Everyday Life: Understanding Human Connections
8. The Essence of Motivational Speaking: Inspiring Change in Others
9. Balancing Acts: Women, Work, and the Will to Lead
10. Guiding with Grace: Raising Children with Compassion and Awareness
11. The Power of Positive Aging: Embracing Life After Fifty
12. Building Resilient Communities: Social Work in Action
13. The Ethical Educator: Principles for Teaching and Learning
14. Innovative solutions for Social Change: The Role of Social Psychology for crafting a Better World
15. The Ethics of Empathy: A Guide to Ethical Living
16. The Science of Empowering the Self: Navigating Life's Challenges with Psychological Wisdom
17. The Mindful Conscious Leader: Meditation Techniques for Modern Management
18. Pioneering Spirit: Women's Pathways to Leadership and Empowerment
19. Feeling to Healing: The Role of Emotional Intelligence in Child Development
20. Transformative Talks and Words of Inspiration: Insights into

Motivational Oratory

43. Altruistic Alchemy: Transforming Lives Through Giving
44. The Blueprint of Pro-Activeness and Productivity: Crafting Habits for Success
45. The Simplicity with Grounded Wisdom: Embracing Authenticity in a Complex World
46. Secret of Solopreneur's Odyssey: Navigating the Path to Self-Employment
47. Exploring Tapestry of Peace: Global Perspectives on Harmony
48. The Art and Actions of Connection: Mastering Communication for Impact
49. She Governs and at the Helm: Strategies for Political Empowerment
50. Rising Above and Rising with Grace: A Woman's Roadmap to Career Mastery
51. The Effect of Networking & Connectedness: Building Strategic Alliances for Women
52. Beyond his Barriers: Women Thriving in Male-Dominated Fields
53. Secret of Inner Compass: Navigating Life with Intuition
54. Creative & Pro-Active Muses: A Celebration of Women in the Arts
55. Unburdened: The Art of Releasing the Past
56. Amplified Voices: Speeches of Women that Astonished the World
57. Secret of Manifesting Dreams: A Woman's Guide to Intentional Living
58. Ethics and Value Based Education: Reimagining Japan's School System
59. The Moral Compass Curriculum: A Holistic Approach
60. Tech with Heart: Integrating Ethics into Digital Learning
61. Honoring Virtue: Recognizing Ethical Excellence in Education
62. Raising Good Humans: A Guide to Character Development
63. The Spark Within: Nurturing Creativity in Children
64. The Teenager Whisperer: Navigating Adolescence with Grace
65. Igniting a Passion for Learning: Inspiring Lifelong Curiosity
66. The Habit Lab: Cultivating Positive Behaviors in Children

67. Seeds of Empathy: Fostering Compassion in Young Hearts
68. The Reading Revolution: Inspiring a Love of Books in Children
69. The Learning Brain: Unlocking the Secrets of Student Success
70. Teaching for All: Differentiated Instruction Strategies
71. The Time Alchemist: Mastering Time Management for Peak Performance
72. The Resilience Factor: Transforming Setbacks into Stepping Stones
73. The Healing Touch of Nature: An Introduction to Naturopathy
74. Echoes of the Past: Healing Through Past Life Regression
75. The Spiritual Healer's Handbook: Exploring Energy Medicine
76. Crystal Clarity: Unveiling the Power of Gemstones
77. The Dream Weaver's Guide: Decoding the Language of Dreams
78. Emotional Alchemy: Transforming Pain into Power
79. Sonic Serenity: Harnessing Sound for Stress Relief
80. The Entrepreneur's Playbook: Launching Your Business with Confidence
81. Productivity Unleashed: Time Management Strategies for Entrepreneurs
82. The Problem Solver's Toolkit: Creative Solutions for Business Challenges
83. The Future is Now: Emerging Trends in Business
84. The Curious Explorer: A Child's Guide to Scientific Discovery
85. Digital Pioneers: Empowering Kids in the Tech World
86. The Young Philosopher's Guide: Exploring Life's Big Questions
87. Finding Your Voice: Communication Skills for Confident Kids
88. Nature's Playground: A Child's Guide to Outdoor Adventure
89. Growing a Greener Tomorrow: A Guide to Tree Planting & Conservation
90. Driving with Purpose: Ethical Choices on the Road
91. The Healing Touch: Cultivating Compassion in Healthcare
92. Navigating the Digital Landscape: Ethics in the Age of Social Media
93. The Ethical Closet: A Guide to Sustainable Fashion
94. The Mindful Voyager: Sustainable Travel Practices

95. The Feminine Divine: Honoring the Goddesses of India
96. Sacred Sounds: Chanting Your Way to Inner Peace
97. The Yoga Path: Uniting with the Divine Within
98. Rites of Passage: Creating Meaningful Ceremonies
99. The Chakra System: A Map of Inner Transformation
100. Spiritual Sangha: Finding Community through Satsang and Bhajan
101. Pilgrimage of the Soul: Spiritual Journeys in India
102. आध्यात्मिक तीर्थयात्रा: भारत की आध्यात्मिक यात्राओं पर एक नज़र
103. "योग मार्ग: भीतर के दिव्यत्व को अनुभव करने की यात्रा"
104. भगवद्गीता: दैनिक जीवन की समस्याओं के लिए शाश्वत ज्ञान
105. "योद्धा का मंत्र: हनुमान चालीसा का रहस्योद्घाटन"
106. "युवाओं के आत्मसम्मान और संबंधों पर सोशल मीडिया का प्रभाव"
107. "सशक्त विचार: महिलाओं की आत्मखोज और शक्ति की यात्रा"
108. "ध्यान और मानसिक कल्याण: आंतरिक शांति और स्पष्टता का मार्ग"
109. "सशक्त नेतृत्व: महिलाओं के राजनीतिक सशक्तिकरण की रणनीतियाँ"
110. "गरिमा और सफलता: महिलाओं के लिए उत्कर्ष करियर मार्गदर्शन"
111. "सीमाओं से परे: पुरुष-प्रधान क्षेत्रों में महिलाओं की सफलता"
112. "नैतिक शिक्षा और मूल्य प्रणाली: जापान की विद्यालय प्रणाली का पुनर्निर्माण"
113. "सद्गुणों का सम्मान: शिक्षा में नैतिक मूल्यों की पहचान"
114. "चरित्र निर्माण: सज्जनता के विकास की मार्गदर्शिका"
115. "भीतर की ज्योति: बच्चों में सृजनशीलता का विकास"
116. "युवाओं का पथप्रदर्शक: किशोरावस्था की चुनौतियों का समाधान"
117. "सहानुभूति के बीज: युवा हृदयों में करुणा का संवर्धन"
118. "आध्यात्मिक उपचार: ऊर्जा चिकित्सा ऊर्जा चिकित्सा का मार्गदर्शन"
119. "चिकित्सीय स्पर्श: स्वास्थ्य सेवा में करुणा और सहानुभूति की भूमिका"
120. "नारी शक्ति: भारतीय देवियों की आराधना एवं महत्व"
121. "चक्रों की यात्रा: आत्मा के परिवर्तन की प्रक्रिया"

☙

Contact

Dr. Minakshi Bansal
Social Activist
Ahmedabad, Gujarat, Bharat
dhanyamfoundation@gmail.com

|| LOKAHA SAMASTHAHA SUKHINO BHAVANTU ||

www.ingramcontent.com/pod-product-compliance
Lightning Source LLC
Chambersburg PA
CBHW021542150726
47990CB00006B/2356